2016年第四季度

支付业务季报

Quarterly Payment Statistics and Analysis

中国人民银行支付结算司 编

中国金融出版社

责任编辑：方　蔚
责任校对：李俊英
责任印制：裴　刚

图书在版编目（CIP）数据

支付业务季报（Zhifu Yewu Jibao）. 2016 年. 第四季度/中国人民银行支付结算司编. —北京：中国金融出版社，2017. 6
ISBN 978 - 7 - 5049 - 8990 - 1

Ⅰ. ①支…　Ⅱ. ①中…　Ⅲ. ①银行—业务核算—会计—报表—中国—2016　Ⅳ. ①F832. 2

中国版本图书馆 CIP 数据核字（2017）第 089011 号

出版发行 中国金融出版社
社址　北京市丰台区益泽路 2 号
市场开发部　（010）63266347，63805472，63439533（传真）
网上书店　http://www. chinafph. com
　　　　　（010）63286832，63365686（传真）
读者服务部　（010）66070833，62568380
邮编　100071
经销　新华书店
印刷　天津市银博印刷集团有限公司
尺寸　210 毫米 × 285 毫米
印张　12. 75
字数　230 千
版次　2017 年 6 月第 1 版
印次　2017 年 6 月第 1 次印刷
定价　100. 00 元
ISBN 978 - 7 - 5049 - 8990 - 1

支付业务季报(2016年第四季度)

编写组

组　　长：谢　众
副 组 长：樊爽文　张　晔
统　　稿：杨　青　赵朋飞　凤　颖
执　　笔：第一部分：覃　雯　徐玉陇　郭世东　徐晶晶
　　　　　第二部分：董凯军　王　晗　唐　容　刘志民
　　　　　第三部分：杨　青　凤　颖　马　强　张笑尘
　　　　　第四部分：杨　青　凤　颖　郑　浩
　　　　　第五部分：赵朋飞　何玲枢　覃　雯
附录整理：赵朋飞　凤　颖　覃　雯　徐玉陇　郭世东　徐晶晶　董凯军　王　晗
数据审核：覃　雯　徐玉陇　郭世东　徐晶晶　董凯军　王　晗
提供材料：冯　锐　张亚双　曹　峻　吕新荣　徐贻峨
审　　稿：谢　众　樊爽文　张　晔　严　芳　谭静蕙　欧韵君　程世刚　潘　松　胡　波

内容概要

2016 年第四季度，社会资金交易规模不断扩大，支付体系平稳运行，支付服务环境不断改善。全国共办理非现金支付业务 376.11 亿笔，金额 955.27 万亿元；支付系统共处理支付业务 172.20 亿笔，金额 1 329.69 万亿元；全国共开立人民币银行结算账户 83.53 亿户。

非现金支付业务总体保持增长态势。第四季度，全国共办理非现金支付业务 376.11 亿笔，金额 955.27 万亿元，同比分别增长 42.00% 和 5.33%。其中，票据业务 7 851.89 万笔，金额 50.47 万亿元，同比分别下降 18.21% 和 11.54%；银行卡交易 349.20 亿笔，金额 195.29 万亿元，同比分别增长 43.59% 和 9.63%，其中银行卡消费业务 118.08 亿笔，金额 15.11 万亿元，同比分别增长 39.94% 和 4.32%。贷记转账、直接借记、托收承付和国内信用证等结算方式业务 26.13 亿笔，金额 709.50 万亿元。

银行卡发卡量平稳增长，受理环境持续改善。截至第四季度末，银行卡在用发卡数量 61.25 亿张，环比增长 1.81%，全国人均持有银行卡 4.47 张。银行卡跨行支付系统联网商户 2 067.20 万户，联网 POS 机具 2 453.50 万台，ATM 92.42 万台。每台 ATM 对应的银行卡数量为 6 627 张，同比增长 5.54%。每台 POS 机具对应的银行卡数量为 250 张，同比增长 4.68%。

电子支付业务量保持稳定，移动支付业务量增长显著。第四季度，全国银行业金融机构共处理电子支付业务 404.28 亿笔，金额 609.85 万亿元。其中，移动支付业务 73.30 亿笔，金额 40.77 万亿元，同比分别增长 30.13% 和 73.29%。

支付系统运行平稳。第四季度，支付系统共处理支付业务 172.20 亿笔，金额 1 329.69万亿元，同比分别增长 27.34% 和 5.71%。其中，农村金融机构共处理支付业务 16.23 亿笔，金额 97.66 万亿元，分别占支付系统业务总量的 9.43% 和 7.34%。从支付系统资金往来情况看，全国各省（自治区、直辖市）辖内资金流动量占本省（自治区、直辖市）资金流动总量的比例为 50.84%，24 个省（自治区、直辖市）的辖内资金流动量超过本省（自治区、直辖市）资金流动总量的 50%。

人民币银行结算账户数量保持平稳增长态势。截至第四季度末，全国共开立人民币银行结算账户83.53亿户，较上季度末增长3.34%。其中，单位银行结算账户4 939.47万户，较上季度末增长2.36%；个人银行结算账户83.03亿户，较上季度末增长3.35%。

目　录

附录一　支付业务统计指标图表 ······ 45

第一部分

非现金支付工具

2016年第四季度，社会资金交易规模逐步增大，非现金支付业务量①稳步增长。全国共办理非现金支付业务376.11亿笔，金额955.27万亿元，同比分别增长42.00%和5.33%。其中，票据业务7 851.89万笔，金额504 735.98亿元，分别占非现金支付工具业务量的0.21%和5.28%，占比同比分别下降0.15个百分点和1.01个百分点；银行卡业务3 492 013.27万笔，金额1 952 947.41亿元，分别占非现金支付工具业务量的92.84%和20.45%，占比同比分别上升1.02个百分点和0.81个百分点；贷记转账、直接借记、托收承付和国内信用证等结算方式业务261 256.41万笔，金额7 094 985.03亿元，分别占非现金支付工具业务量的6.95%和74.27%，笔数占比同比下降0.87个百分点，金额占比同比上升0.20个百分点。

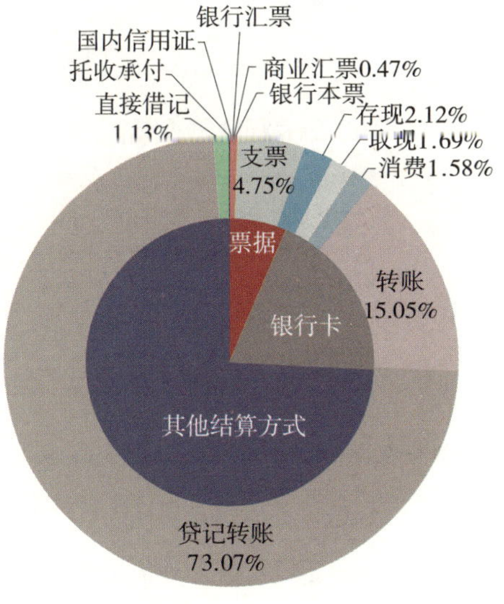

图1 2016年第四季度非现金支付工具业务金额占比结构

一、票据

（一）票据支付

第四季度，全国共发生票据业务7 851.89万笔，金额504 735.98亿元，同比分别下降18.21%和11.54%；日均业务85.35万笔，金额5 486.26亿元②。

第四季度，全国共发生支票业务7 390.87万笔，金额453 801.57亿元，同比分别下降18.57%和10.29%；日均80.34万笔，金额4 932.63亿元。支票笔均业务金额为61.40万元，同比增长10.17%。单位支票业务7 357.19万笔，金额455 313.14亿元，同比分别下降18.35%和9.89%；个人支票业务33.68万笔，金额497.23亿元，同比分别下降48.72%和13.35%。从支票业务地区分布情况看，笔数排名居前的广东③、江苏、北京、浙江和辽宁五省（直辖市）共发生支票业务2 772.60万笔，支票业务笔数地区集中度④为37.51%；金额排名居前的江苏、广东、北京、浙江和山东五省（直辖

① 非现金支付业务量含票据、银行卡及其他结算业务量，其中其他结算业务含贷记转账、直接借记、托收承付及国内信用证业务。

② 2016年第四季度共计92个自然日，此处按自然日计算。

③ 不含深圳市。如无特别注明，下同。

④ 业务地区（行业/机构）集中度是指统计期内业务量最多的五个地区（行业/机构）业务量占总业务量的比重，下同。

市）共发生支票业务199 880.02亿元，支票业务金额地区集中度为44.05%。

第四季度，实际结算商业汇票业务391.05万笔，金额45 087.27亿元，同比分别下降3.96%和16.64%。其中，银行承兑汇票业务378.51万笔，金额41 177.83亿元，同比分别下降5.03%和18.51%；商业承兑汇票业务12.54万笔，金额3 909.44亿元，同比分别增长45.37%和10.01%。从实际结算商业汇票业务地区分布情况看，笔数排名居前的江苏、浙江、山东、河南和广东五省共实际结算商业汇票239.54万笔，实际结算商业汇票业务笔数地区集中度为61.25%；金额排名居前的山东、江苏、浙江、上海和广东五省（直辖市）共实际结算商业汇票20 012.11亿元，实际结算商业汇票业务金额地区集中度为44.39%。

截至第四季度末，电子商业汇票系统参与者共计426家，较2016年第三季度末增加9家。第四季度，电子商业汇票系统共发生业务555.96万笔，金额294 352.26亿元，同比分别增长88.87%和27.80%。其中，承兑业务80.20万笔，金额24 377.09亿元。从电子商业汇票系统承兑业务地区分布看，笔数排名居前的广东、山东、浙江、福建和江苏五省共发生电子商业汇票承兑业务34.89万笔，电子商业汇票承兑业务笔数地区集中度为43.50%；金额排名居前的山东、江苏、广东、浙江和北京五省（直辖市）共发生电子商业汇票承兑业务10 324.53亿元，电子商业汇票承兑业务金额地区集中度为42.35%。通过大额支付系统发生票款对付业务63.13万笔，金额63 711.56亿元，同比分别增长77.20%和64.41%。

表1 2016年第四季度电子商业汇票系统业务量统计

单位：笔、亿元、%

业务类型	笔数		金额	
	第四季度	同比增速	第四季度	同比增速
出票	776 973	80.82	23 583.86	35.29
承兑	802 021	82.15	24 377.09	35.99
其中：银行承兑汇票	697 682	78.43	20 327.83	36.88
商业承兑汇票	104 339	111.69	4 049.26	31.68
贴现	260 772	63.98	14 830.13	23.72
转贴现	816 583	52.07	107 023.08	20.53
再贴现	10 954	101.88	437.77	101.22
通过大额支付系统发生票款对付业务	631 256	77.20	63 711.56	64.41

数据来源：中国人民银行电子商业汇票系统。

第四季度，全国共发生银行汇票业务23.75万笔，金额1 717.53亿元，同比分别下降46.37%和60.02%；银行本票业务46.22万笔，金额4 129.62亿元，同比分别下降36.16%和35.16%。银行汇票、银行本票业务量持续减少。

（二）票据贴现

第四季度，全国共发生商业汇票贴现业务83.39万笔，金额24 296.90亿元，同比分别下降13.99%和18.63%。贴现业务存量20 453.44亿元，较2016年第三季度末增加1 883.56亿元。从商业汇票贴现业务地区分布看，笔数排名居前的江苏、上海、浙江、广东和山东五省（直辖市）共发生商业汇票贴现业务44.00万笔，商业汇票贴现业务笔数地区集中度为52.76%；金额排名居前的江苏、上海、浙江、山东和辽宁五省（直辖市）共发生商业汇票贴现业务11 172.82亿元，商业汇票贴现业务金额地区集中度为45.98%。

第四季度，共发生电子商业汇票贴现26.08万笔，金额14 830.13亿元，同比分别增长63.98%和23.72%。从电子商业汇票贴现业务地区分布看，笔数排名居前的广东、江苏、上海、浙江和北京五省（直辖市）共发生电子商业汇票贴现业务12.08万笔，电子商业汇票贴现业务笔数地区集中度为46.32%；金额排名居前的江苏、浙江、上海、广东和山东五省（直辖市）共发生电子商业汇票贴现业务6 602.66亿元，电子商业汇票贴现业务金额地区集中度为44.52%。

第四季度，共发生商业汇票转贴现135.47万笔，金额142 706.77亿元，同比分别下降57.48%和57.01%；转贴现存量47 170.41亿元，较2016年第三季度末减少1 203.02亿元。

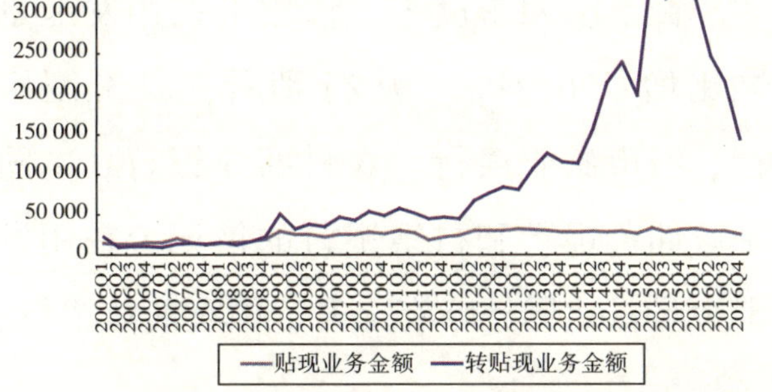

图2　2006年第一季度以来贴现、转贴现业务金额变动趋势

（三）再贴现

第四季度，全国共办理再贴现业务3 334笔，环比减少6.66%，再贴现金额984.29亿元，环比增加5.21%。其中，政策性银行办理53.97亿元，环比增加19.51%；国有商业银行①办理120.69亿元，环比减少4.25%；外资银行办理8.56亿元，环比增加187.82%；农村信用社办理27.06亿元，环比增加24.53%；农村合作银行办理3.05亿元，环比减少47.32%；其他商业银行②办理643.67亿元，环比减少1.50%；其他金融机构③办理127.3亿元，环比增加58.43%。

（四）票据风险

第四季度，全国共发生支票违规业务0.87万笔，涉及票面金额21.82亿元，同比分别下降77.88%和56.25%，分别占同期支票业务量的0.12‰和0.05‰。其中，空头支票0.76万笔，金额21.09亿元；预留签章不符支票0.11万笔，金额0.73亿元。从地区分布情况来看，上海、深圳、辽宁、浙江和新疆五省（市）共查处违规支票0.78万笔，笔数排名居全国前五，共涉及票面金额12.20亿元，分别占全国支

① 国有商业银行包括中国工商银行、中国农业银行、中国银行、中国建设银行和交通银行，下同。

② 其他商业银行包含邮政储蓄银行、股份制商业银行、城市商业银行和村镇银行等。

③ 其他金融机构包含财务公司、金融租赁公司、汽车财务公司等。

票违规业务总量的89.42%和55.91%。

截至第四季度末，全国银行业金融机构商业汇票逾期垫款金额1 319.42亿元，同比下降5.76%，环比下降13.19%。其中，股份制商业银行商业汇票逾期垫款金额491.2亿元，同比下降9.20%，占逾期垫款总金额的37.23%，占比同比下降1.41个百分点；涉农金融机构①逾期垫款金额290.28亿元，同比增长3.80%，占逾期垫款总金额的22.00%，占比同比上升2.03个百分点。从地区分布情况来看，排名居前的辽宁、浙江、山东、广东和江苏五省商业汇票逾期垫款金额合计达到515.98亿元，占全国商业汇票逾期垫款总金额的39.11%。

二、银行卡

（一）银行卡发卡

1. 银行卡发卡量保持增长

截至第四季度末，全国银行卡在用发卡数量为612 463.80万张，同比增长12.54%，增速较上年同期加快2.28个百分点，环比增长1.81%。其中，借记卡在用发卡数量为565 960.31万张，同比增长12.96%；信用卡在用发卡量42 041.72万张，同比增长6.94%；借贷合一卡在用发卡数量为4 461.77万张，同比增长14.18%。

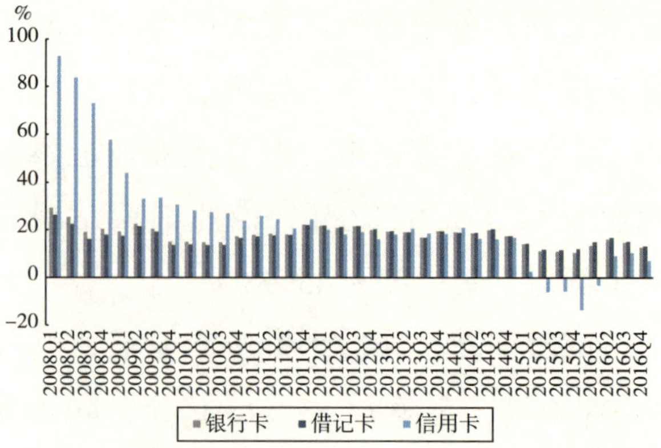

图3　2008年第一季度以来银行卡同比增幅变动示意图

2. 信用卡发卡量在银行卡发卡量中的比例略有下降

截至第四季度末，借记卡与信用卡在用发卡量的比例为13.46:1，信用卡在用发卡数量在银行卡在用发卡数量中的占比为6.86%，较上年同期下降0.36个百分点。

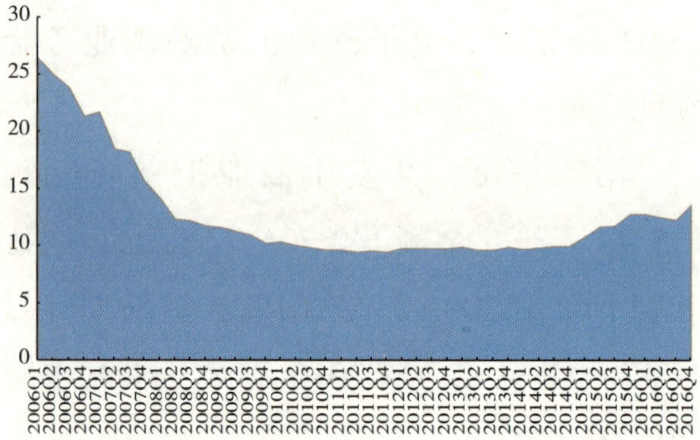

图4　借记卡与信用卡发卡比例变动趋势示意图

截至第四季度末，信用卡在用发卡量同比增长6.94%。从行别看，股份制银行、城市商业银行、农村商业银行、中国邮政储蓄银行和村镇银行的借记卡在用发卡数量占比同比略有上升，国有商业银行、

① 包含中国农业银行、农村商业银行、农村合作银行、农村信用社及村镇银行，下同。

农村合作银行和农村信用社的借记卡在用发卡数量占比同比略有下降；股份制商业银行、城市商业银行、农村商业银行、农村信用社和中国邮政储蓄银行的信用卡在用发卡数量占比同比略有上升，国有商业银行、农村合作银行和外资银行的信用卡在用发卡数量有所下降。

表2　2016 年第四季度银行卡在用发卡量增速、占比（按行别）

单位：%

行　别	同比增速		在用发卡量占比			
			2016 年第四季度末		2015 年第四季度末	
	借记卡	信用卡	借记卡	信用卡	借记卡	信用卡
国有商业银行	10.00	-7.20	52.52	53.68	53.93	61.84
股份制商业银行	19.65	29.65	8.16	39.29	7.70	32.41
城市商业银行	17.55	26.39	6.12	2.62	5.89	2.22
农村商业银行	49.40	48.08	9.57	1.14	7.23	0.82
农村合作银行	-34.99	-41.72	0.54	0.07	0.94	0.14
农村信用社	-3.06	55.32	7.90	0.28	9.20	0.19
外资银行	12.35	5.13	0.05	0.19	0.05	0.20
中国邮政储蓄银行	13.37	33.95	14.91	2.73	14.86	2.18
村镇银行	31.54	512.32	0.23	0.00	0.20	0.00
合计	12.96	6.94	100.00	100.00	100.00	100.00

3. 经济发达地区银行卡发卡市场活跃

截至第四季度末，全国银行卡人均持卡量为 4.47 张。其中，银行卡人均持卡量超出全国平均水平的十个省（直辖市）依次为北京、上海、广东（含深圳）、天津、浙江、福建、江苏、辽宁、重庆和山东，分别为 8.73 张、7.31 张、6.93 张、6.82 张、6.26 张、5.51 张、5.50 张、4.86 张、4.65 张和 4.64 张。

全国信用卡人均持卡量为 0.31 张，较 2016 年第三季度略有下降。仅北京的人均持卡量超过 1 张，为 1.35 张。

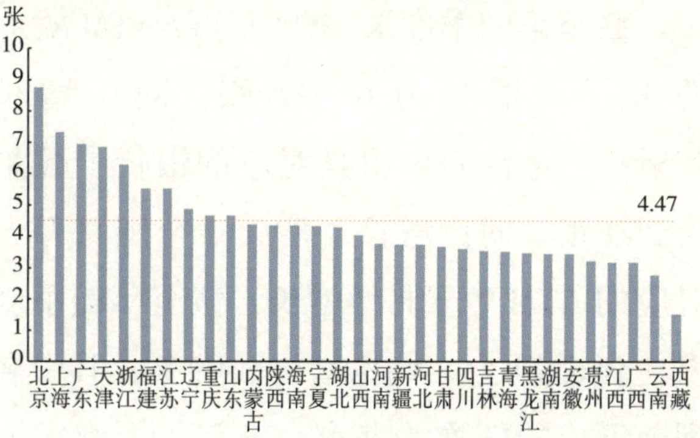

图5　各省（自治区、直辖市）银行卡人均持卡量示意图

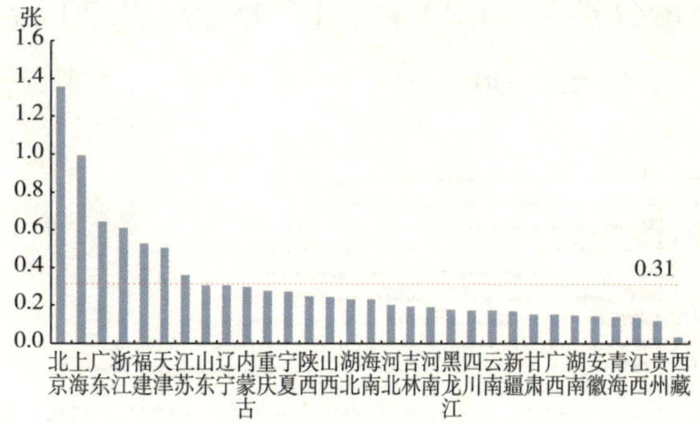

图6　各省（自治区、直辖市）信用卡人均持卡量示意图

（二）银行卡受理

1. 联网特约商户和 POS 机具数量小幅下降

截至第四季度末，加入银联网络的成员机构 1 662 家，较 2016 年第三季度末增加 69 家。其中，境内成员机构 1 175 家，境外成员机构 487 家。截至第四季度末，银行卡跨行支付系统联网特约商户 2 067.2 万户、POS 机具 2 453.5 万台，较第三季度末分别减少 57.60 万户、148.60 万台，

环比分别下降 2.71%、5.71%；ATM 92.42 万台，较第三季度末增加 1.67 万台，环比增长 1.85%。

2. 银行卡受理环境持续改善

截至第四季度末，全国每台 ATM 对应的银行卡数量为 6 627 张，同比增长 5.54%；每台 POS 机具对应的银行卡数量为 250 张，同比增长 4.89%。全国每万人对应的 ATM 数量持续增长，截至第四季度末达到 6.74 台，同比增长 5.99%，其中名列前五位的依次为北京、浙江、上海、海南和广东（含深圳），每万人对应的 ATM 数量分别为 14.17 台、11.45 台、9.79 台、9.19 台和 8.90 台。

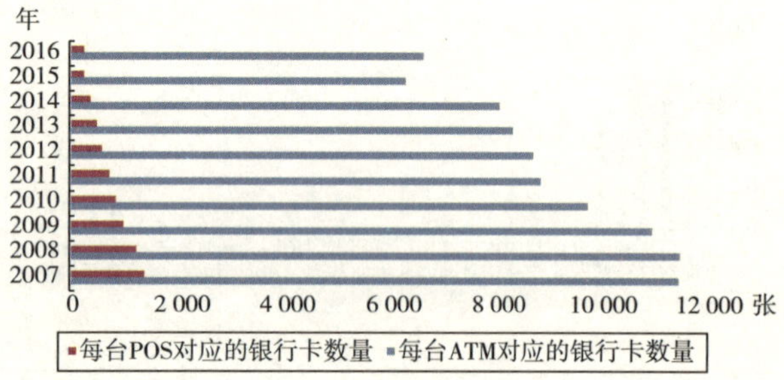

图 7 每台 POS、ATM 对应的银行卡数量趋势示意图

（三）银行卡交易

1. 银行卡交易业务量小幅增长

第四季度，全国共发生银行卡交易① 3 492 013.27 万笔，金额 1 952 947.41 亿元，笔数环比增长 15.10%，金额环比增长 9.89%。银行卡日均业务 37 956.67 万笔，金额 21 227.69 亿元。其中，国有商业银行的银行卡交易笔数、金额分别占银行卡业务总量的 73.57% 和 65.50%，股份制商业银行的银行卡交易笔数、金额分别占银行卡业务总量的 13.77% 和 15.23%。

表 3 银行卡业务量统计

单位：万笔、亿元、%

业务类型	笔数	金额	笔数占比	金额占比	日均笔数	日均金额
存现	279 744.76	202 541.45	8.02	10.37	3 040.70	2 201.54
取现	453 652.75	161 140.34	12.99	8.25	4 931.01	1 751.53
消费	1 180 798.18	151 136.93	33.81	7.74	12 834.76	1 642.79
转账	1 577 817.58	1 438 128.69	45.18	73.64	17 150.19	15 631.83

第四季度，银行卡存现、取现业务合计笔数、金额分别占银行卡业务总量的 21.01% 和 18.62%，占比分别较上年同期回落 8.80 个百分点和 1.05 个百分点。银行卡消费业务笔数、金额分别占银行卡业务总量的 33.81% 和 7.74%，占比分别较上年同期回落 0.89 个百分点和 0.39 个百分点。银行卡转账业务笔数、金额分别占银行卡业务总量的 45.18% 和 73.64%，占比分别较上年同期增长 9.69 个百分点和 1.44 个百分点。

2. 银行卡消费业务量环比增长

第四季度，银行卡消费业务 1 180 798.18 万笔，金额 151 136.93 亿元，环比分别增长 21.27% 和 5.60%；全国社会消费品零售总额 93 834.20 亿元，同比增长 10.59%；银行卡渗透率为 48.48%，较上年同期上升 0.22 个百分点。

全国银行卡卡均消费金额为 2 467.69

① 银行卡业务量统计的是银行卡业务本外币交易笔数和金额。

元，同比下降7.30%，环比增长3.72%；银行卡笔均消费金额1 280.34元，同比下降25.43%，环比下降12.89%；全国人均银行卡消费金额11 023.62元，同比增长3.67%，环比增长5.60%。

人均银行卡消费金额高于全国平均水平的依次是北京、上海、浙江、广东（含深圳）、福建、江苏和天津等七省（直辖市），分别达到41 868.53元、31 024.40元、22 751.13元、21 121.10元、20 730.24元、13 952.47元和13 779.60元。

3. 银行卡跨行消费业务金额保持增长

第四季度，银行卡跨行消费业务[①]551 266.88万笔，金额130 915.38亿元，分别占银行卡消费业务量的46.69%和86.62%，笔数占比较上年同期回落9.02个百分点，金额占比较上年同期上升1.19个百分点。

从银行卡跨行消费的商户类别来看，一般类业务笔数、金额占比均居首位，分别为253 057.36万笔、57 589.26亿元，分别占跨行消费业务总量的45.90%和43.99%。

表4　银行卡跨行消费业务量统计（按商户类别）

单位：万笔、亿元、%

类　别	2016年第四季度		2016年第四季度	
	笔数	金额	笔数占比	金额占比
餐娱类	72 194.35	42 190.14	13.10	32.22
一般类	253 057.36	57 589.26	45.90	43.99
民生类	194 626.85	26 320.86	35.31	20.11
公益类	31 388.32	4 815.12	5.69	3.68

从银行卡跨行消费的终端类型来看，通过POS（含移动POS）的银行卡跨行消费业务笔数、金额均最高，分别为335 526.71万笔、76 766.36亿元，分别占银行卡跨行消费业务量的60.86%和58.64%。

表5　银行卡跨行消费业务量统计（按终端类型）

单位：万笔、亿元、%

类别	2016年第四季度		2016年第四季度	
	笔数	金额	笔数占比	金额占比
通过POS	335 526.71	76 766.36	60.86	58.64
通过网上	105 568.32	42 578.80	19.15	32.52
通过其他终端	110 171.85	11 570.22	19.99	8.84

（四）银行卡信贷

1. 银行卡卡均授信额度持续增加

截至第四季度末，银行卡授信总额[②]91 354.28亿元，同比增长29.06%，环比增长6.04%。从行别看，农村信用社、农村商业银行、中国邮政储蓄银行和股份制商业银行银行卡授信总额同比增长超过40%。从占比看，股份制商业银行、农村商业银行、中国邮政储蓄银行和农村信用社银行卡授信额度占比同比分别上升4.73个百分点、0.41个百分点、0.34个百分点和0.15个百分点；国有商业银行银行卡授信总额占比同比有所下降。

① 银行卡跨行消费业务指标通过POS（含移动POS）、网上、其他终端等设备受理的跨行银行卡消费的交易业务量。

② 银行卡授信总额为信用卡授信总额和借贷合一卡授信总额之和。

表 6　2016 年第四季度银行卡授信总额变化

单位：亿元、%、个百分点

行别	授信额度	同比增幅	占比	占比同比增幅
国有商业银行	43 034. 19	16. 87	47. 10	-4. 91
股份制商业银行	38 740. 61	45. 26	42. 41	4. 73
城市商业银行	4 137. 94	15. 20	4. 53	-0. 55
农村商业银行	1 896. 39	60. 74	2. 08	0. 41
农村合作银行	160. 46	-20. 03	0. 18	-0. 11
农村信用社	605. 50	65. 99	0. 66	0. 15
外资银行	284. 69	8. 71	0. 31	-0. 06
中国邮政储蓄银行	2 493. 55	47. 52	2. 73	0. 34
村镇银行	0. 96	—	0. 00	0. 00
合计	91 354. 28	29. 06	100. 00	0. 00

截至第四季度末，全国银行卡卡均授信额度达 1. 96 万元，同比增长 19. 95%，环比增长 12. 64%。从地区看，全国共有 15 个省（自治区、直辖市）银行卡卡均授信额度超过全国平均水平，其中，青海、福建、云南、浙江和重庆的银行卡卡均授信额度居前五位，分别为 2. 80 万元、2. 54 万元、2. 52 万元、2. 24 万元和 2. 23 万元。

2. 银行卡授信使用率保持较高水平

截至第四季度末，银行卡应偿信贷余额 40 610. 47 亿元，同比增长 23. 63%，环比增长 7. 52%。自 2008 年以来，通过银行卡发放的信贷资金额度逐步增加。从地区看，广东（含深圳）、浙江、福建、江苏、山东、河南、上海、北京、湖北、河北、四川、湖南和辽宁十三省（直辖市）银行卡应偿信贷余额突破 1 000 亿元，其中，广东（含深圳）和浙江的银行卡应偿信贷余额均突破 3 000 亿元，分别为 7 087. 26 亿元和 4 118. 79 亿元。

截至第四季度末，银行卡授信使用率为 44. 45%，同比下降 1. 95 个百分点，环比增长 0. 61 个百分点。在各类银行业金融机构中，银行卡授信使用率较高的五类机构依次为村镇银行、股份制商业银行、农村信用社、农村商业银行和国有商业银行，授信使用率分别为 56. 35%、51. 57%、50. 12%、40. 32% 和 40. 24%。

从地区看，全国有 13 个省（自治区、直辖市）的银行卡授信使用率高于全国平均水平。其中，贵州、福建、湖南、广东（含深圳）、河南和海南的银行卡授信使用率较高，分别为 54. 87%、53. 72%、51. 20%、50. 60%、49. 41% 和 49. 29%。

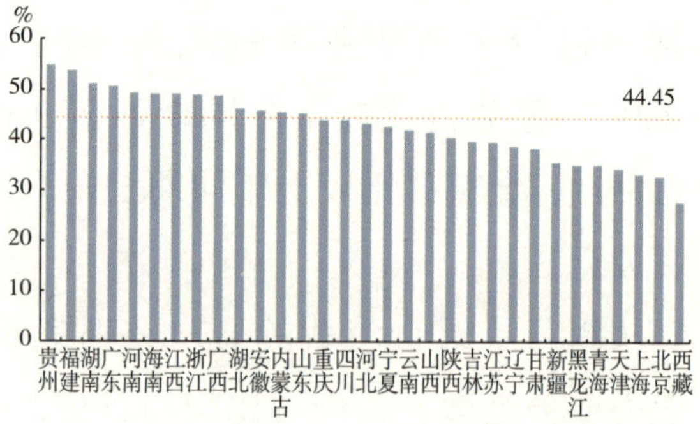

图 8　全国各地区银行卡授信使用率情况示意图

3. 信用卡违约风险有所下降

截至第四季度末，信用卡逾期账户透支余额（M_6 +）① 535. 68 亿元，同比增长 40. 87%，环比下降 0. 34%；信用卡逾期账户透支余额（M_6 +）占信用卡应偿信贷余额的 1. 40%，占比较 2016 年第三季度末下降 0. 11 个百分点。

① 信用卡已到到期还款日且未足额归还最低还款额，逾期期限 181 天（含）以上的未清偿本金余额。

图9 信用卡逾期账户透支余额（M_6+）占比变动趋势

截至第四季度末，国有商业银行、股份制商业银行和城市商业银行信用卡逾期账户透支余额（M_6+）分别占信用卡应偿信贷余额的1.61%、1.03%和3.37%，较2016年第三季度末分别下降0.17个百分点、0.05个百分点和0.09个百分点。

（五）银行卡存款

截至第四季度末，全国银行卡存款余额235 936.16亿元，同比增长19.97%，环比增长4.35%，占本外币各项存款余额的15.04%。各类银行业金融机构中，国有商业银行银行卡存款余额为145 166.47亿元，占银行卡存款余额总额的61.53%。

截至第四季度末，全国银行卡卡均存款余额为0.39万元，较2016年第三季度末增加0.01万元。从行别看，外资银行、国有商业银行和城市商业银行的卡均存款余额较多，分别为0.97万元、0.45万元和0.39万元；从地区看，卡均余额较高的五个地区依次是西藏、北京、上海、青海和浙江，分别为1.08万元、0.74万元、0.64万元、0.53万元和0.47万元。

（六）银行卡助农业务

截至第四季度末，全国农村地区共设置助农取款服务点达98.34万个。第四季度，取款笔数和金额分别达4 850.23万笔、327.97亿元。分地区来看，服务点数量排名前五的是山东、河北、四川、山西和河南，分别为13.43万个、9.07万个、8.96万个、7.23万个和6.65万个。服务点第四季度取款交易笔数排名前五的是贵州、河北、四川、河南、福建，五省共办理取款业务笔数合计2 372.73万笔，占全国的比重为48.92%。服务点第四季度取款交易金额排名前五的是贵州、河南、甘肃、山东、四川，五省共办理取款业务金额合计164.34亿元，占全国的比重为50.11%。

2016年第四季度，全国开办农民工银行卡特色服务的涉农金融机构共办理取款业务134.07万笔，金额22.47亿元。其中，业务笔数排名前五位的是河南、甘肃、河北、江西、湖南，五省共办理农民工银行卡特色服务取款业务笔数76.91万笔，占全国的比重为57.37%。业务金额排名前五位的是河南、河北、江西、广西、湖南，共办理农民工银行卡特色服务取款业务金额13.84亿元，占全国的比重为61.59%。

三、贷记转账等其他结算业务

第四季度，全国共发生贷记转账、直接借记、托收承付以及国内信用证结算业务261 256.41万笔，金额7 094 985.03亿元，笔数环比增长8.76%，金额环比增长4.14%。其中，贷记转账业务223 997.81万笔，金额6 980 065.68亿元，分别占贷记转账、直接借记、托收承付以及国内信用证结算业务总量的85.74%和98.38%。

分地区看，浙江、深圳、上海、山东和广东五省（市）贷记转账业务笔数居前，分别为29 962.64万笔、29 052.80万笔、21 078.68万笔、16 144.54万笔和15 219.35万笔，合计业务笔数占全国总笔数的49.76%；北京、上海、深圳、浙江和广东五省（市）贷记转账金额居前，分别为1 646 569.13亿元、987 936.65亿元、641 426.31亿元、504 123.64亿元和487 498.26亿元，合计业务金额占全国总金额的61.14%。

四、电子支付

（一）电子支付客户数量

截至第四季度末，全国银行机构共有电子支付[①]客户353 891.08万户。其中，网上支付、电话支付、移动支付和其他客户数量分别为133 041.61万户、81 900.61万户、130 180.08万户和8 768.78万户，分别占电子支付客户的37.59%、23.14%、36.79%和2.48%。

（二）电子支付业务

第四季度，银行业金融机构共发生电子支付业务4 042 840.98万笔，金额6 098 481.53亿元。其中，共办理网上支付业务1 310 002.96万笔，金额5 191 310.24亿元，同比分别增长23.16%和0.18%；电话支付业务8 439.53万笔，金额52 761.56亿元，同比分别增长25.32%和22.43%；移动支付业务732 968.79万笔，金额407 667.87亿元，同比分别增长30.13%和73.79%；ATM业务量648 948.53万笔，金额165 401.82亿元；POS业务量759 149.52万笔，金额110 697.35亿元；其他电子支付业务583 331.67万笔，金额170 642.68亿元。

分地区看，电子支付业务笔数居前的地区依次为深圳、浙江、广东、北京、上海五省（市），共发生业务1 800 786.63万笔，占全国总笔数的44.54%；金额居前的地区依次为北京、上海、广东、深圳、浙江五省（市），共发生电子支付业务3 261 626.92亿元，占全国总金额的53.48%。

① 本书所称电子支付是指客户通过网上银行、电话银行、手机银行、ATM、POS和其他电子渠道，从结算类账户发起的账务变动类业务笔数和金额。包括网上支付、电话支付、移动支付、ATM业务、POS业务和其他电子支付六种业务类型。

从户均业务量看，网上支付客户平均每户发生业务9.89笔，金额39.18万元；电话支付客户平均每户发生业务0.11笔，金额0.67万元；移动支付客户平均每户发生业务5.42笔，金额3.02万元。

第四季度，非银行支付机构处理网络支付业务[1] 527.59亿笔，金额31.01万亿元，同比分别增长103.74%和87.79%。

---

① 本书所称网络支付业务是指非银行支付机构处理网络支付业务量，不包含红包类等娱乐性产品的业务量。

第二部分

支付系统

一、支付系统总体运行情况

第四季度，支付系统安全、平稳运行，支付系统业务量稳步增长。人民银行大额支付系统和银行业金融机构行内支付系统的资金交易规模继续占据主导地位。

（一）支付系统支付业务

第四季度，支付系统①共处理支付业务1 722 036.59万笔，金额13 296 879.29亿元，同比分别增长27.34%和5.71%，业务金额是第四季度全国GDP总量的62.93倍。从业务量分布看，处理支付业务笔数居前三位的依次是银行业金融机构行内支付系统、银行卡跨行支付系统和网上支付跨行清算系统，占比分别为45.57%、37.12%和7.93%；处理支付业务金额居前三位的依次是大额实时支付系统、银行业金融机构行内支付系统和同城清算系统，占比分别为68.54%、25.62%和2.60%。

国有商业银行业务笔数占比超过半数。第四季度，国有商业银行通过支付系统处理业务1 084 130.70万笔，金额4 522 715.98亿元，分别占支付系统总业务量的62.96%和34.01%，占比同比分别下降0.36个百分点和0.45个百分点；股份制商业银行通过支付系统处理业务327 234.44万笔，金额3 219 594.15亿元，分别占支付系统总业务量的19.00%和24.21%，占比同比分别上升0.28个百分点和0.21个百分点；中国邮政储蓄银行通过支付系统处理业务68 991.75万笔，金额240 481.49亿元，分别占支付系统总业务量的4.01%和1.81%，占比同比分别下降1.41个百分点和0.42个百分点；城市商业银行、农村信用社等其他机构②通过支付系统处理业务241 679.70万笔，金额5 314 087.67亿元，分别占支付系统总业务量的14.03%和39.97%，占比同比分别上升1.49个百分点和0.66个百分点。

农村信用社处理支付业务笔数占农村金融机构比例较高。第四季度，农村金融机构③共处理支付业务162 334.27万笔，金额976 621.64亿元。其中，农村商业银行和农村合作银行共处理支付业务46 653.03万笔，金额593 699.72亿元，分别占农村金融机构业务总量的28.74%和60.79%；农村信用社处理支付业务113 350.27万笔，金额358 336.97亿元，分别占农村金融机构业务总量的69.82%和36.69%；村镇银行处理支付业务2 330.97万笔，金额24 584.95亿元，分别

① 包含大额实时支付系统、小额批量支付系统、同城清算系统、境内外币支付系统、网上支付跨行清算系统、全国支票影像交换系统、银行业金融机构行内支付系统、银行卡跨行支付系统、城市商业银行汇票处理系统和支付清算系统、农信银支付清算系统、人民币跨境支付系统。

② 含城市商业银行、农村商业银行、农村合作银行、农村信用社、村镇银行、外资银行、政策性银行、其他，下同。

③ 包括农村商业银行、农村合作银行、农村信用社、村镇银行。

占农村金融机构业务总量的 1.44% 和 2.52%。

表 7　2016 年第四季度支付系统业务量统计

单位：万笔、亿元、%

系统名称	笔数	金额	笔数占比	金额占比
大额实时支付系统	22 775.26	9 113 164.95	1.32	68.54
小额批量支付系统	71 347.65	90 887.50	4.14	0.68
网上支付跨行清算系统	136 477.69	108 238.00	7.93	0.81
同城清算系统	9 801.16	345 862.02	0.57	2.60
境内外币支付系统	47.56	14 189.80	0.00	0.11
全国支票影像交换系统	213.82	1 098.49	0.01	0.01
银行业金融机构行内支付系统	784 650.68	3 406 128.50	45.57	25.62
银行卡跨行支付系统	639 268.62	182 315.11	37.12	1.37
城市商业银行汇票处理系统和支付清算系统	107.51	2 408.85	0.01	0.02
农信银支付清算系统	57 322.56	14 809.35	3.33	0.11
人民币跨境支付系统	24.08	17 776.72	0.00	0.13

注：0.00 代表有数据且大于 0。

支付系统①业务量主要集中在东部地区。从支付系统业务量地区分布情况来看，第四季度，东部地区业务笔数和金额分别为566 183.50 万笔和10 515 591.90 亿元，占比分别为59.84% 和 81.05%；中部地区业务笔数和金额分别为 147 844.08 万笔和 891 888.87 亿元，占比分别为 15.62% 和 6.87%；西部地区业务笔数和金额分别为 189 577.00 万笔和 1 096 436.10 亿元，占比分别为 20.04% 和 8.45%；东北地区业务笔数和金额分别为 42 614.06 万笔和 470 442.79 亿元，占比分别为 4.50% 和 3.63%。

（二）支付系统资金流动

从支付系统资金往来情况②看，第四季度，全国各省（自治区、直辖市）辖内资金流动量占本省（自治区、直辖市）资金流动总量的比例由上季度的 48.39% 上升至50.84%。24 个省（自治区、直辖市）的辖内资金流动量超过本省（自治区、直辖市）资金流动总量的50%。辖内资金流动量占比排前五位的依次是云南、内蒙古、西藏、甘肃和山西，上述地区 61.21% 以上的资金在辖内流动。辖内资金流动量占比较低的五省（直辖市）依次是福建、天津、广东（含深圳）、四川和上海，分别为 37.62%、43.53%、44.10%、44.92% 和45.06%。

全国处理资金量居前三位的省（直辖市）依然是北京、上海和广东（含深圳）。三省（直辖市）资金流动总量分别占全国资金流动总量的 29.67%、18.00% 和 12.57%。从资金流动总量变动情况看，北京的资金流动总量占比较上年同期下降 2.56 个百分点，上海和广东（含深圳）的

① 包含大额实时支付系统、小额批量支付系统、同城清算系统、全国支票影像交换系统、银行业金融机构行内支付系统、城市商业银行支付清算系统、农信银支付清算系统。

② 包含大额实时支付系统、小额批量支付系统、银行业金融机构行内支付系统处理的资金交易。

资金流动总量占比较上年同期分别上升1.20个百分点和0.34个百分点。

从省（自治区、直辖市）际间资金流动来看，资金净流入量居全国前五位的省（直辖市）依次是上海、山东、江苏、天津和湖北，分别为29 453.20亿元、4 929.73亿元、4 152.71亿元、3 855.01亿元和3 825.50亿元。资金净流出量居全国前五位的省（直辖市）依次为北京、广东（含深圳）、福建、湖南和辽宁，分别为16 743.39亿元、13 950.44亿元、13 178.15亿元、10 010.23亿元和8 224.06亿元。

二、人民银行支付系统运行情况

人民银行支付系统[①]共处理支付业务240 663.14万笔，金额9 673 440.76亿元，同比分别增长39.51%和1.68%，分别占支付系统业务量的13.98%和72.75%；日均处理业务2 779.12万笔，金额152 544.86亿元。

（一）大额实时支付系统

大额实时支付系统处理业务稳定增长。第四季度，大额实时支付系统处理业务22 775.26万笔，金额9 113 164.95亿元，同比分别增长8.01%和1.21%，分别占支付系统业务量的1.32%和68.54%；日均处理业务361.51万笔，金额144 653.41亿元[②]。大额实时支付系统完成债券交易结算业务[③]资金清算38.64万笔，金额815 716.93亿元，同比分别增长27.44%和2.61%；完成外汇交易0.04万笔，金额24 049.13亿元，同比分别增长59.19%和38.35%；完成同业拆借资金5.21万笔，金额357 004.13亿元，笔数同比下降11.24%，金额同比增长6.00%。

从全国各省（自治区、直辖市）分布情况看，业务笔数居前五位的省（直辖市）依次是广东、浙江、江苏、山东和北京，业务笔数合计9 474.70万笔，占全国大额实时支付系统业务总笔数的41.60%。业务金额居前五位的省（市）依次是北京、上海、深圳、广东和浙江，业务金额合计6 165 998.23亿元，占全国大额实时支付系统业务总金额的67.66%。

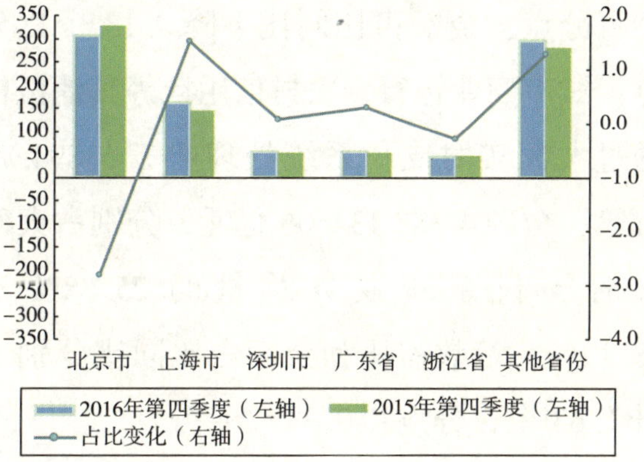

图10　大额实时支付系统业务金额地区间占比示意图

① 包含大额实时支付系统、小额批量支付系统、网上支付跨行清算系统、同城清算系统、境内外币支付系统和全国支票影像交换系统。

② 2016年第四季度大额实时支付系统实际运行63个工作日，此处按实际运行工作日计算。

③ 债券交易结算业务、外汇交易、同业拆借业务数据均来源于中国人民银行支付信息管理系统（PMIS）。

城市商业银行、农村信用社等其他机构业务占比持续扩大。第四季度，国有商业银行通过大额实时支付系统处理业务12 843.86万笔，金额2 378 925.07亿元，分别占大额实时支付系统业务量的56.39%和26.10%，笔数占比和金额占比同比分别下降1.57个百分点和1.06个百分点；股份制商业银行通过大额实时支付系统处理业务3 789.21万笔，金额2 138 929.79亿元，分别占大额实时支付系统业务量的16.64%和23.47%，笔数占比同比下降0.14个百分点，金额占比同比上升0.85个百分点；中国邮政储蓄银行通过大额实时支付系统处理业务247.45万笔，金额210 176.03亿元，分别占大额实时支付系统业务总量的1.09%和2.31%，笔数占比同比上升0.08个百分点，金额占比同比下降0.13个百分点；城市商业银行、农村信用社等其他机构通过大额实时支付系统处理业务5 894.74万笔，金额4 385 134.06亿元，分别占大额实时支付系统业务总量的25.88%和48.12%，笔数占比和金额占比同比分别上升1.63个百分点和0.34个百分点。

（二）小额批量支付系统

小额批量支付系统业务量平稳增长。第四季度，小额批量支付系统共处理业务71 347.65万笔，金额90 887.50亿元，同比分别增长36.94%和32.95%，分别占支付系统业务量的4.14%和0.68%；日均处理业务775.52万笔，金额987.91亿元①。

第四季度，小额批量支付系统处理借记业务3 166.71万笔，金额9 933.28亿元，笔数同比上升243.73%，金额同比下降11.07%；处理贷记业务68 180.94万笔，金额80 954.22亿元，同比分别上升33.22%和41.55%。

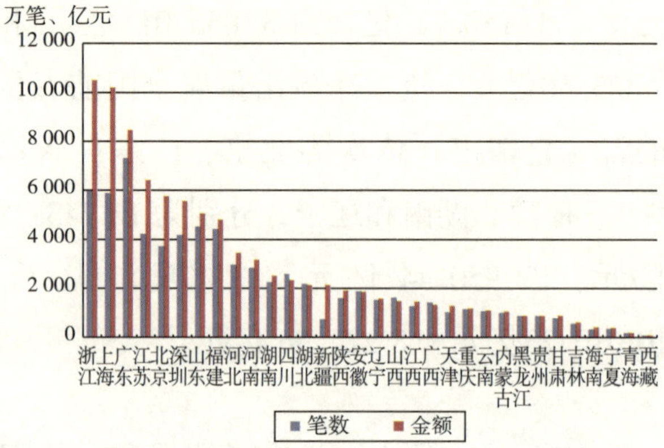

图11　小额批量支付系统地区业务量示意图

从全国各省（自治区、直辖市）分布情况看，业务笔数居前五位的省（直辖市）依次是广东、浙江、上海、山东和福建，分别占业务总笔数的10.23%、8.36%、8.25%、6.33%和6.20%，合计占比为39.37%；业务金额居前五位的省（直辖市）依次是浙江、上海、广东、江苏和北京，分别占业务总金额的11.54%、11.22%、9.32%、7.04%和6.32%，合计占比为45.44%。黑龙江、青海、四川、西藏和宁夏的小额批量支付系统业务笔数同比增长较快，增速依次为102.18%、84.41%、72.45%、72.04%和64.22%，明显高于全国36.94%的平均增

① 2016年第四季度小额批量支付系统实际运行92个工作日，此处按实际运行工作日计算。

速。西藏、青海、内蒙古、陕西和宁夏的小额批量支付系统业务金额同比增长较快，增速依次为 84.47%、70.14%、67.95%、67.50%和61.08%，明显高于全国 32.95%的平均增速。

第四季度，东部地区、中部地区、西部地区和东北地区通过小额批量支付系统处理的业务笔数分别为 44 510.01 万笔、12 070.22 万笔、11 812.83 万笔和 2 954.59万笔，金额分别为 61 786.48 亿元、12 595.33 亿元、13 413.65 亿元和 3 092.04亿元。

表 8　2016 年第四季度小额批量支付系统地区间业务量对比

单位：%

地区	笔数同比	金额同比	笔数占比	金额占比
东部地区	28.39	26.94	62.38	67.98
中部地区	51.29	50.99	16.92	13.86
西部地区	55.14	46.69	16.56	14.76
东北地区	60.47	40.46	4.14	3.40

（三）网上支付跨行清算系统

网上支付跨行清算系统业务量持续增长。截至第四季度末，共有 195 家机构接入网上支付跨行清算系统。第四季度，网上支付跨行清算系统共处理支付业务 136 477.69万笔，金额 108 238.00 亿元，同比分别增长 54.38% 和 38.87%，分别占支付系统业务量的 7.93% 和 0.81%。网上支付跨行清算系统日均处理支付业务 1 483.45万笔，金额 1 176.50 亿元①。

网上支付跨行清算系统贷记业务量占比同比略有上升。网上支付跨行清算系统共处理贷记业务 135 932.64 万笔，金额 107 712.41 亿元，分别占网上支付跨行清算系统业务量的 99.60% 和 99.51%，占比同比分别上升 0.42 个百分点和 0.44 个百分点；网上支付跨行清算系统共处理借记业务 545.06 万笔，金额 525.59 亿元，分别占网上支付跨行清算系统业务量的 0.40% 和 0.49%，占比同比分别下降 0.42 个百分点和 0.44 个百分点。

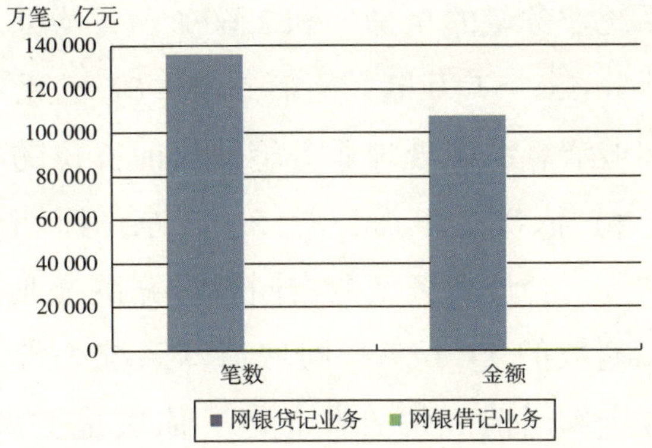

图 12　网上支付跨行清算系统业务量示意图

股份制商业银行业务量占比较大。第四季度，国有商业银行通过网上支付跨行清算系统处理业务 47 734.63 万笔，金额 34 263.89 亿元，占比分别为 34.98% 和 31.66%；股份制商业银行通过网上支付跨行清算系统处理业务 59 059.70 万笔，金额 47 659.46 亿元，占比分别为 43.27% 和 44.03%；中国邮政储蓄银行通过网上支付跨行清算系统处理业务 4 383.58 万笔，金额 3 821.55 亿元，占比分别为 3.21% 和

① 2016 年第四季度网上支付跨行清算系统实际运行 92 个工作日，此处按实际运行工作日计算。

3.53%；城市商业银行、农村信用社等其他机构通过网上支付跨行清算系统处理业务25 299.78万笔，金额22 493.10亿元，占比分别为18.54%和20.78%。

（四）同城清算系统

同城清算系统①业务量小幅下降。第四季度，同城清算系统共处理业务9 801.16万笔，金额345 862.02亿元，同比分别下降7.71%和0.48%，分别占支付系统业务量的0.57%和2.60%。日均处理业务155.57万笔，金额5 489.87亿元②。同城清算系统处理业务笔数居前五位的省（市）依次是上海、浙江、广东、深圳和江苏，合计业务笔数占同城清算系统业务总笔数的77.14%。同城清算系统处理业务金额居前五位的省（市）依次是上海、江苏、浙江、深圳和北京，合计业务金额占同城清算系统业务总金额的80.31%。

第四季度，国有商业银行通过同城清算系统办理业务4 730.29万笔，金额153 957.26亿元，分别占同城清算系统业务量的48.25%和44.51%，占比同比分别下降2.54个百分点和2.25个百分点；股份制商业银行通过同城清算系统办理业务1 328.59万笔，金额101 006.38亿元，分别占同城清算系统业务量的13.56%和29.20%，占比同比分别下降0.88个百分点和0.24个百分点；中国邮政储蓄银行通过同城清算系统办理业务430.90万笔，金额2 474.62亿元，分别占同城清算系统业务量的4.40%和0.72%，笔数占比同比下降0.07个百分点，金额占比同比上升0.02个百分点；城市商业银行、农村商业银行等其他金融机构通过同城清算系统办理业务3 311.38万笔，金额88 423.76亿元，分别占同城清算系统业务量的33.79%和25.57%，占比同比分别上升3.49个百分点和2.47个百分点。

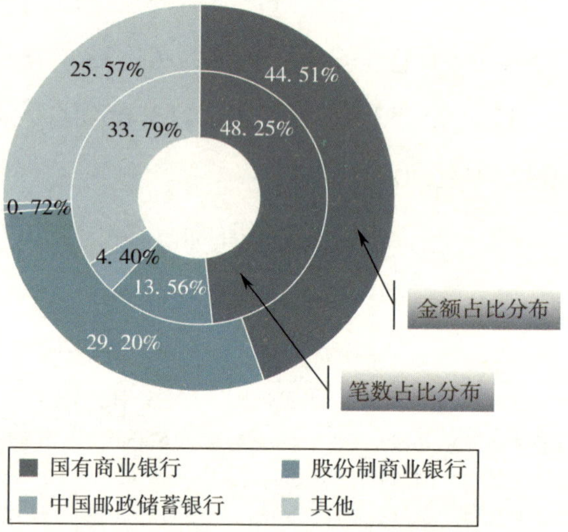

图13 同城清算系统业务量行别分布示意图

（五）境内外币支付系统

境内外币支付系统业务量小幅下降。第四季度，境内外币支付系统共处理支付业务47.56万笔，金额2 045.52亿美元（折合人民币约为14 189.80亿元），同比分别下降11.66%和8.73%，分别占支付系统业务量的0.003%和0.11%；日均处

① 同城清算系统包括同城票据交换系统和同城电子清算系统。

② 2016年第四季度同城清算系统实际运行63个工作日，此处按实际运行工作日计算。

理支付业务笔数0.77万笔，金额32.99亿美元（折合人民币约为228.87亿元）①。

境内外币支付系统中美元业务占主导。第四季度，境内外币支付系统处理美元支付业务43.08万笔，金额1 867.53亿美元（折合人民币约为12 955.02亿元），笔数同比增长18.82%，金额同比下降9.68%，占比分别为90.59%和91.30%；处理欧元支付业务3.18万笔，金额101.15亿美元（折合人民币约为701.66亿元），同比分别下降80.78%和3.54%，占比分别为6.68%和4.94%；处理英镑支付业务0.09万笔，金额0.54亿美元（折合人民币约为3.78亿元），笔数同比下降1.60%，金额同比增长21.19%，占比分别为0.18%和0.03%。

表9 境内外币支付系统业务量统计

单位：笔、万元

币种	笔数	金额（折合美元）	金额（折合人民币）	日均笔数	日均金额（折合美元）	日均金额（折合人民币）
美元	430 846	18 675 251.43	129 550 219.26	6 949.13	301 213.73	2 089 519.67
港元	2 701	583 306.00	4 046 393.75	43.56	9 408.16	65 264.42
欧元	31 779	1 011 474.90	7 016 601.35	512.56	16 314.11	113 170.99
日元	5 833	157 945.64	1 095 668.89	94.08	2 547.51	17 672.08
澳大利亚元	2 001	15 780.79	109 471.32	32.27	254.53	1 765.67
加拿大元	1 532	5 071.17	35 178.67	24.71	81.79	567.40
英镑	862	5 449.25	37 801.44	13.90	87.89	609.70
瑞士法郎	61	957.62	6 643.02	0.98	15.45	107.15
合计	475 615	20 455 236.80	141 897 977.70	7 670.97	329 923.17	2 288 677.08

国有商业银行通过境内外币支付系统处理的业务量占比超过五成。第四季度，国有商业银行通过境内外币支付系统处理业务27.48万笔，金额1 357.23亿美元（折合人民币约为9 415.12亿元），占比分别为57.78%和66.35%；股份制商业银行通过境内外币支付系统处理业务11.83万笔，金额413.75亿美元（折合人民币约为2 870.16亿元），占比分别为24.87%和20.23%；城市商业银行、农村信用社等其他机构通过境内外币支付系统处理业务8.25万笔，金额274.54亿美元（折合人民币约为1 904.52亿元），占比分别为17.35%和13.42%。

（六）全国支票影像交换系统

全国支票影像交换系统业务量同比持续下降。第四季度，全国支票影像交换系

① 2016年第四季度境内外币支付系统实际运行62个工作日，此处按实际运行工作日计算。

统共处理业务213.82万笔，金额1 098.49亿元，同比分别下降11.52%和5.93%，分别占支付系统业务量的0.01%和0.01%；日均处理业务2.32万笔，金额11.94亿元①。

国有商业银行业务量占比较大。国有商业银行通过全国支票影像交换系统办理业务127.45万笔，金额648.84亿元，同比分别下降11.20%和5.73%，占比分别为59.61%和59.07%；股份制商业银行通过全国支票影像交换系统办理业务25.54万笔，金额147.09亿元，同比分别下降12.38%和4.70%，占比分别为11.95%和13.39%；中国邮政储蓄银行通过全国支票影像交换系统办理业务1.31万笔，金额2.67亿元，同比分别下降8.60%和3.47%，占比分别为0.61%和0.24%；其他银行机构业务笔数和金额分别为59.52万笔和299.89亿元，同比分别下降11.91%和6.98%，占比分别为27.83%和27.30%。

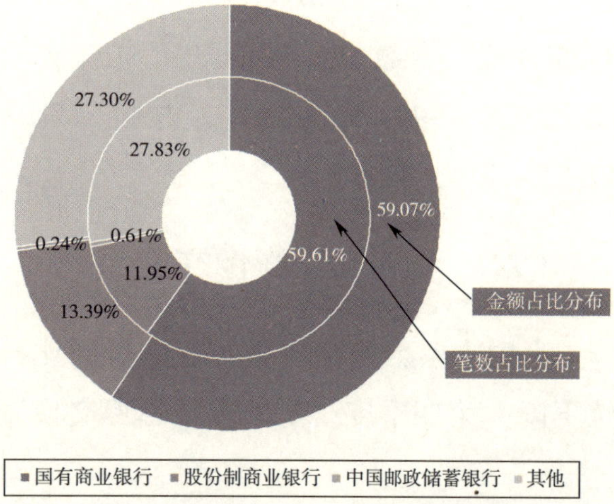

图14　全国支票影像交换系统业务量行别分布示意图

全国支票影像交换系统处理业务量最多的省份依旧是广东（含深圳）。从全国各省（自治区、直辖市）分布情况看，业务笔数居前五位的依次是广东（含深圳）、新疆、河北、浙江和江苏，分别占全国业务笔数的50.15%、29.19%、5.19%、3.45%和3.02%；业务金额居前五位的依次是广东（含深圳）、新疆、河北、浙江和天津，分别占全国业务金额的48.16%、21.51%、9.11%、4.48%和3.17%。

三、其他机构支付系统运行情况

（一）银行业金融机构行内支付系统

银行业金融机构行内支付系统业务量平稳增长。第四季度，银行业金融机构行内支付系统共处理业务784 650.68万笔，金额3 406 128.50亿元，同比分别增长31.79%和17.00%，分别占支付系统业务量的45.57%和25.62%；日均处理业务8 528.81万笔，金额37 023.14亿元②。

东部地区的行内支付系统业务量占比较高。从地区间的业务量分布情况看，第四季度，东部地区通过银行业金融机构行

① 2016年第四季度全国支票影像交换系统实际运行92个工作日，此处按实际运行工作日计算。

② 2016年第四季度共计92个自然日，此处按自然日计算。

内支付系统处理业务478 943.14万笔，金额2 710 144.86亿元；中部地区处理业务115 602.74万笔，金额256 624.72亿元；西部地区处理业务155 233.07万笔，金额322 023.12亿元；东北地区处理业务34 871.73万笔，金额117 335.80亿元。其中，东部地区业务量分别占全国的61.05%和79.58%，笔数占比同比下降2.84个百分点，金额占比同比上升1.48个百分点。

表10 银行业金融机构行内支付系统地区业务量占比变动

单位：%、个百分点

地区	笔数占比	笔数占比增长	金额占比	金额占比增长
东部地区	61.05	-2.84	79.58	1.48
中部地区	14.73	0.89	7.53	-0.38
西部地区	19.78	1.66	9.45	-1.03
东北地区	4.44	0.29	3.44	-0.07

国有商业银行行内支付系统共处理业务595 450.87万笔，金额1 782 423.78亿元，占比分别为75.88%和52.33%；股份制商业银行行内支付系统共处理业务82 375.98万笔，金额856 763.80亿元，占比分别为10.50%和25.15%；中国邮政储蓄银行行内支付系统共处理业务17 547.76万笔，金额14 570.44亿元，占比分别为2.24%和0.43%；城市商业银行、农村信用社等其他机构行内支付系统共处理业务89 276.07万笔，金额752 370.48亿元，占比分别为11.38%和22.09%。

（二）银行卡跨行支付系统

银行卡跨行支付系统业务量①平稳增长。第四季度，银行卡跨行支付系统共处理业务639 268.62万笔，金额182 315.11亿元，同比分别增长14.02%和29.00%，分别占支付系统业务量的37.12%和1.37%；日均处理业务6 948.57万笔，金额1 981.69亿元②。

国有商业银行作为发卡方，发生银行卡跨行业务375 073.03万笔，金额100 803.54亿元，分别占银行卡跨行支付系统业务量的58.68%和55.29%；股份制商业银行作为发卡方，发生银行卡跨行业务170 189.91万笔，金额61 015.02亿元，分别占银行卡跨行支付系统业务量的26.62%和33.47%；中国邮政储蓄银行作为发卡方，发生银行卡跨行业务45 162.16万笔，金额8 642.80亿元，分别占银行卡跨行业务量的7.06%和4.74%；城市商业银行、农村信用社等其他金融机构作为发卡方，发生银行卡跨行业务48 843.52万笔，金额11 853.75亿元，分别占银行卡跨行业务量的7.64%和6.50%。

银行卡跨行支付系统处理存现业务121.97万笔，金额336.76亿元，分别占银行卡跨行支付系统业务量的0.02%和

① 自2015年起，银行卡跨行支付系统业务量包括ATM、POS以及基于银行卡的通过互联网、电话等渠道成功进行的跨行交易。

② 2016年第四季度共计92个自然日，此处按自然日计算。

0.18%；处理取现业务78 199.85万笔，金额9 455.41亿元，分别占银行卡跨行支付系统业务量的12.23%和5.19%；处理消费业务551 254.58万笔，金额163 643.97亿元，分别占银行卡跨行支付系统业务量的86.23%和89.76%；处理转账业务9 692.22万笔，金额8 878.97亿元，分别占银行卡跨行支付系统业务量的1.52%和4.87%。

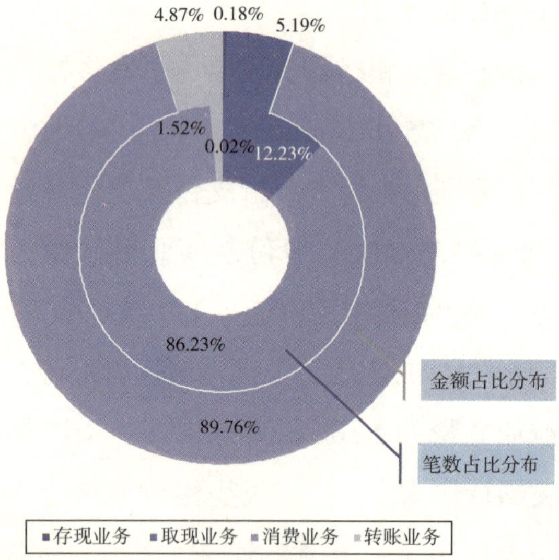

图15 银行卡跨行支付系统业务结构

银行卡跨行交易以POS处理业务为主。其中，柜面办理业务193.69万笔，金额723.53亿元，分别占银行卡跨行支付系统业务量的0.03%和0.40%；ATM处理业务78 131.52万笔，金额9 098.87亿元，分别占银行卡跨行支付系统业务量的12.22%和4.99%；POS受理业务335 594.02万笔，金额95 985.55亿元，分别占银行卡跨行支付系统业务量的52.50%和52.65%；电话终端等办理业务225 349.39万笔，金额76 507.16亿元，分别占银行卡跨行支付系统业务量的35.25%和41.96%。

（三）城市商业银行汇票处理系统和支付清算系统

截至第四季度末，城市商业银行汇票处理系统和支付清算系统参与者共185家。第四季度，城市商业银行汇票处理系统和支付清算系统共处理业务107.51万笔，金额2 408.85亿元，同比分别增长38.45%和49.50%，分别占支付系统业务量的0.01%和0.02%；日均处理业务1.17万笔，金额26.18亿元①。

第四季度，城市商业银行汇票处理系统共签发银行汇票0.74万笔，金额162.80亿元，同比分别下降3.90%和35.82%；兑付银行汇票0.19万笔，金额37.07亿元，笔数同比下降26.92%，金额同比增长35.19%。城市商业银行资金清算中心支付清算系统处理汇兑业务98.98万笔，金额2 119.36亿元，同比分别增长40.20%和78.59%；处理通存通兑业务金额7.79万笔，金额126.69亿元，笔数同比增长24.04%，金额同比下降25.87%。

城市商业银行汇票处理系统和支付清算系统业务量主要集中于东部地区。第四季度，东部地区通过城市商业银行汇票处理系统和支付清算系统办理业务101.33万笔，金额2 020.77亿元，分别占业务总量

① 2016年第四季度共计92个自然日，此处按自然日计算。

的 94. 25% 和 83. 89% 。

表 11　城市商业银行汇票处理系统和支付清算系统业务量地区分布

单位：万笔、亿元

		东部地区		中部地区		西部地区		东北地区	
		笔数	金额	笔数	金额	笔数	金额	笔数	金额
银行汇票	签发	0. 50	114. 39	0. 16	15. 67	0. 01	13. 28	0. 07	19. 46
	兑付	0. 12	16. 93	0. 03	9. 01	0. 01	2. 64	0. 03	8. 49
汇兑		93. 10	1 780. 44	0. 73	59. 90	3. 06	139. 55	2. 09	139. 47
通存通兑		7. 73	125. 94	0. 01	0. 08	0. 01	0. 13	0. 04	0. 54

数据来源：城市商业银行资金清算中心。

从各省（自治区、直辖市）分布看，第四季度，城市商业银行汇票处理系统签发银行汇票笔数居前五位的依次是山东、江苏、安徽、上海和辽宁，分别占签发总笔数的 29. 36% 、22. 73% 、17. 80% 、4. 53% 和 4. 37% ；签发银行汇票金额居前五位的依次是江苏、黑龙江、山东、新疆和河南，分别占签发总金额的 53. 45% 、9. 00% 、8. 28% 、4. 50% 和 3. 73% ；兑付银行汇票笔数居前五位的依次是北京、山东、江苏、安徽和辽宁，分别占兑付总笔数的 26. 92% 、15. 01% 、13. 83% 、10. 21% 和 8. 92% ；兑付银行汇票金额居前五位的依次是黑龙江、江苏、北京、安徽和山东，分别占兑付总金额的 19. 14% 、18. 11% 、13. 13% 、8. 65% 和 8. 06% 。

（四）农信银支付清算系统

截至第四季度末，农信银支付清算系统参与者共 43 433 家，其中，农村商业银行 10 889 家，农村合作银行 3 538 家，农村信用社 28 064 家，村镇银行 843 家，城市商业银行 99 家。第四季度，农信银支付清算系统共处理业务 57 322. 56 万笔，金额 14 809. 35 亿元，同比分别增长 142. 29% 和 40. 33% ，分别占支付系统业务量的 3. 33% 和 0. 11% ，日均处理业务 623. 07 万笔，金额 160. 97 亿元①。

第四季度，农信银支付清算系统签发银行汇票 0. 64 万笔，金额 23. 20 亿元，笔数同比减少 11. 96% ，金额同比增长 46. 47% ；兑付银行汇票 0. 13 万笔，金额 7. 05 亿元，笔数同比减少 8. 96% ，金额同比增长 23. 37% ；处理通存通兑业务 4 847. 53万笔，金额 4 911. 90 亿元，同比分别增长 199. 50% 和 74. 02% ；处理电子汇兑业务 437. 78 万笔，金额 3 697. 98 亿元，同比分别增长 119. 07% 和 105. 12% ；处理其他业务 52 036. 61 万笔，金额 6 176. 27亿元，同比分别增长 138. 27% 和 4. 47% 。

东部地区业务量占比最大，西部地区业务笔数与东部地区接近。第四季度，东部地区通过农信银支付清算系统办理业务 19 743. 41 万笔，金额 5 811. 71 亿元，分别占业务总量的 34. 44% 和 39. 24% ；中部地区通过农信银支付清算系统办理业务 15 917. 42万笔，金额 5 287. 73 亿元，分别占业务总量的 27. 77% 和 35. 71% ；西部地

① 2016 年第四季度共计 92 个自然日，此处按自然日计算。

区通过农信银支付清算系统办理业务18 531.96万笔，金额3 218.38亿元，分别占业务总量的32.33%和21.73%；东北地区通过农信银支付清算系统办理业务3 129.77万笔，金额491.53亿元，分别占业务总量的5.46%和3.32%。

表12 农信银支付清算系统业务量地区分布

单位：万笔、亿元

		东部地区		中部地区		西部地区		东北地区	
		笔数	金额	笔数	金额	笔数	金额	笔数	金额
银行汇票	签发	0.62	22.46	0.01	0.55	0.00	0.13	0.01	0.06
	兑付	0.13	6.07	0.00	0.86	0.00	0.00	0.00	0.12
通存通兑		914.97	1 832.32	916.28	1 516.51	2 709.41	1 313.67	306.87	249.40
电子汇兑		166.98	1 103.47	196.46	2 364.01	65.42	209.59	8.92	20.91
其他		18 660.84	2 853.46	14 804.67	1 406.66	15 757.13	1 694.99	2 813.97	221.16

注：0.00代表有数据且大于0。

数据来源：农信银资金清算中心。

（五）人民币跨境支付系统

截至第四季度末，人民币跨境支付系统直接参与者共28家。第四季度，人民币跨境支付系统共处理业务24.08万笔，金额17 776.72亿元，环比分别增长26.37%和4.55%，分别占支付系统业务量的0.001%和0.13%；日均处理业务0.39万笔，金额286.72亿元①。

第四季度，人民币跨境支付系统处理客户汇款业务15.77万笔，金额5 130.73亿元，占比分别为65.48%和29.87%；处理金融机构汇款业务8.31万笔，金额12 465.99亿元，占比分别为34.52%和70.13%。

第四季度，国有银行通过人民币跨境支付系统处理业务量10.73万笔，金额7 995.89亿元，占比分别为44.56%和44.98%；股份制商业银行通过人民币跨境支付系统处理业务量1.12万笔，金额775.04亿元，占比分别为4.65%和4.36%；城市商业银行、外资银行等通过人民币跨境支付系统处理业务量12.23万笔，金额9 005.79亿元，占比分别为50.79%和50.66%。

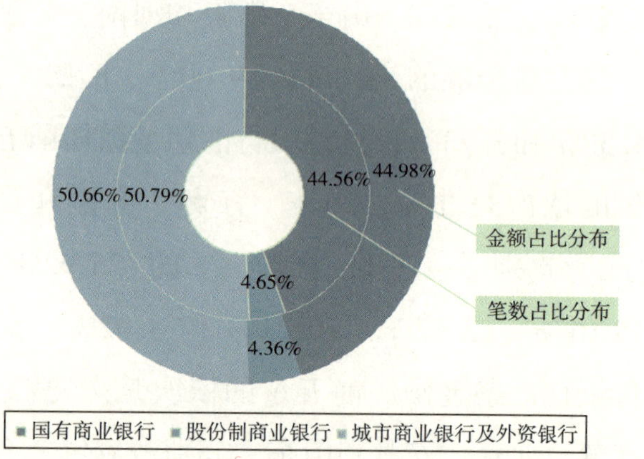

图16 人民币跨境支付系统业务量行别分布示意图

① 2016年第四季度人民币跨境支付系统实际运行62个工作日，此处按实际运行工作日计算。

第三部分

账户部分

人民币银行结算账户数量保持平稳增长态势，环比增速较上季度略有上升。截至第四季度末，全国共开立人民币银行结算账户 835 255.09 万户，环比增长 3.34%，增速较上季度上升 0.16 个百分点。第四季度新增人民币银行结算账户 27 032.27万户。

一、单位银行结算账户

单位银行结算账户数量稳步增长。截至第四季度末，全国共开立单位银行结算账户 4 939.47 万户，占银行结算账户的 0.59%，环比增长 2.36%，增速较上季度下降 0.43 个百分点。第四季度，全国新增单位银行结算账户 114.01 万户。

（一）从账户类别和行别看，基本存款账户数量占比超过六成，一般存款账户和临时存款账户数量占比较上季度有所下降

截至第四季度末，全国共开立基本存款账户 3 282.67 万户，一般存款账户 1 306.72万户，专用存款账户 330.01 万户，临时存款账户 20.07 万户，分别占单位银行结算账户总量的 66.46%、26.45%、6.68% 和 0.41%。其中，全国基本存款账户增加 113.32 万户，一般存款账户减少 2.97 万户，专用存款账户增加 3.98 万户，临时存款账户减少 0.32 万户。从行别看，截至第四季度末，政策性银行单位银行结算账户占比较上季度末下降 0.01 个百分点，国有商业银行单位银行结算账户占比较上季度末下降 0.24 个百分点，股份制商业银行和其他金融机构单位银行结算账户占比较上季度末分别提高 0.09 个百分点和 0.16 个百分点。

表 13　2016 年第四季度单位银行结算账户行别分布

单位：万户、%

	季末存量		季度新增	
	数量	占比	数量	占比
政策性银行	24.22	0.49	0.33	0.29
国有商业银行	2 592.66	52.49	48.26	42.33
股份制商业银行	648.58	13.13	19.06	16.72
其他金融机构	1 674.01	33.89	46.37	40.67

注：其他金融机构包括城市商业银行、农村商业银行、农村合作银行、农村信用社、中国邮政储蓄银行、外资银行、村镇银行。

（二）从地区分布看，东部地区单位银行结算账户数量占比近六成

截至第四季度末，东部、中部、西部和东北地区单位银行结算账户数量分别为 2 866.78 万户、814.20 万户、933.55 万户和 324.94 万户，同比分别增长 10.96%、12.21%、11.96% 和 9.80%，分别占全国单位银行结算账户总量的 58.04%、16.48%、18.90% 和 6.58%。东部地区占比同比下降 0.17 个百分点，中部地区占比同比提高 0.14 个百分点，西部地区占比同比提高 0.12 个百分点，东北地区占比同比下降 0.09 个百分点。

分省（自治区、直辖市）来看，广东（含深圳）、江苏、浙江、山东、上海、北京、河南、河北、福建、四川、辽宁、湖北、安徽、陕西、湖南、广西和云南等17个省（自治区、直辖市）的单位银行结算账户数量均超过100万户，合计4 022.79万户，占全国单位银行结算账户总量的81.44%。

（三）从账户注册资金规模分布看，注册资金规模在100万元以下的银行结算账户数量占比超六成，注册资金规模在100万元至1 000万元的单位银行结算账户数量增长较快

截至第四季度末，注册资金规模100万元以下、100万～1 000万元、1 000万～1亿元和1亿元以上的存款人开立的单位银行结算账户分别为3 226.08万户、1 082.23万户、473.88万户和157.28万户，同比分别增长9.29%、16.79%、11.87%和14.84%，占比分别为65.31%、21.91%、9.59%和3.18%。

注册资金规模在1亿元以上的单位银行结算账户主要分布于经济较发达地区。截至第四季度末，全国注册资金规模1亿元以上的单位银行结算账户共157.28万户，较上季度末增加5.40万户。江苏、上海、北京、广东（含深圳）、浙江和山东等六省（直辖市）的注册资金规模1亿元以上的单位银行结算账户数量合计76.23万户，占全国注册资金规模在1亿元以上单位银行结算账户总量的48.47%，占比环比上升0.27个百分点。

表14　2016年第四季度末注册资金100万元以下账户地区分布

单位：万户、%

季末存量				季度新增			
序号	省（市）	账户数量	占比①	序号	省（市）	账户数量	占比②
1	广东（含深圳）	486.81	15.09	1	广东（含深圳）	11.05	17.93
2	江苏	310.11	9.61	2	浙江	5.98	9.71
3	浙江	266.41	8.26	3	江苏	5.16	8.37
4	上海	218.04	6.76	4	山东	3.68	5.96
5	山东	203.29	6.30	5	四川	2.77	4.50
6	北京	136.86	4.24	6	河南	2.65	4.29
7	河南	127.25	3.94	7	上海	2.50	4.05
8	河北	114.24	3.54	8	河北	2.47	4.01
9	辽宁	110.08	3.41	9	贵州	2.39	3.87
10	四川	102.17	3.17	10	湖北	1.96	3.17

注：①、②各省（市）注册资金100万元以下账户数量在注册资金100万元以下账户总数中的占比。

（四）从行业分布看，租赁和商务服务业、科学研究、技术服务和地质勘查业、文化、教育和娱乐业、信息传输、计算机服务和软件业银行结算账户数量环比增速较快，住宿和餐饮业银行结算账户数量环比增速略有上升

租赁和商务服务业环比增速居首位。截至第四季度末，单位银行结算账户总量

居前五位的行业依次是批发和零售业、制造业、居民服务和其他服务业、农林牧渔业以及租赁和商务服务业，开立的单位银行结算账户数量依次为 1 700.07 万户、603.38 万户、400.06 万户、268.18 万户和259.16 万户，分别占全行业单位银行结算账户总量的 34.42%、12.22%、8.10%、5.43% 和 5.25%，合计占比为 65.41%。单位银行结算账户数量环比增速居前五位的行业分别为租赁和商务服务业、科学研究、技术服务和地质勘查业、文化、教育和娱乐业、信息传输、计算机服务和软件业和住宿和餐饮业，增速依次为 5.14%、4.80%、4.40%、4.00% 和 3.09%。

房地产业银行结算账户数量持续增长，环比增速略有下降。截至第四季度末，全国房地产业银行结算账户数量共 136.72 万户，同比增长 7.86%，增速同比上升 0.09 个百分点，环比增长 1.71%，增速较上季度下降 0.28 个百分点。分省（自治区、直辖市）来看，房地产业银行结算账户数量居前五位的分别为广东（含深圳）、江苏、山东、河南和浙江，合计占比为 37.09%。房地产业银行结算账户数量环比增速居前五位的分别为西藏、河北、海南、广东和贵州，分别为 6.60%、3.96%、3.21%、2.85% 和 2.34%。上海和北京的房地产业单位银行结算账户数量环比分别增长 1.49% 和 1.52%，增速均低于全国平均水平。

表 15　2016 年第四季度末房地产业银行结算账户地区分布

单位：户、%

季末存量				季度新增			
序号	省（市）	账户数量	占比①	序号	省（市）	账户数量	占比②
1	广东（含深圳）	148 926	10.89	1	广东（含深圳）	4 127	17.97
2	江苏	112 726	8.25	2	河北	2 360	10.28
3	山东	104 635	7.65	3	山东	2 052	8.93
4	河南	75 121	5.49	4	河南	1 332	5.80
5	浙江	65 620	4.80	5	江苏	1 297	5.65
6	河北	61 904	4.53	6	湖南	1 116	4.86
7	上海	61 599	4.51	7	安徽	1 068	4.65
8	湖北	58 319	4.27	8	湖北	1 027	4.47
9	安徽	55 567	4.06	9	上海	907	3.95
10	四川	54 209	3.97	10	海南	815	3.55

注：①、②各省（市）房地产行业账户数量在房地产行业银行结算账户数量总数中的占比。

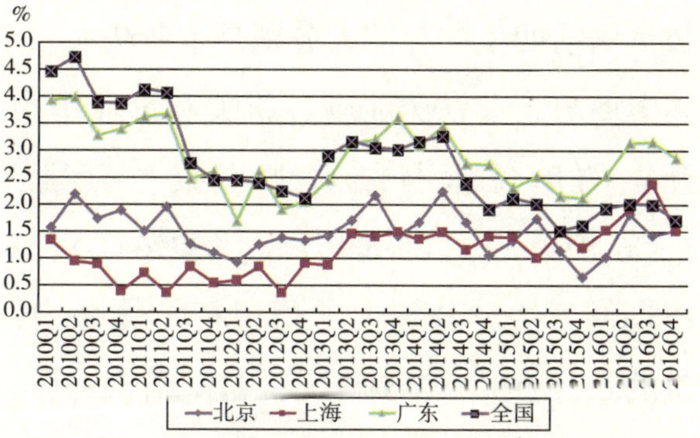

图 17　2010 年第一季度以来部分地区房地产业单位银行结算账户数量环比增速示意图

制造业银行结算账户数量占比呈下降趋势。截至第四季度末，制造业银行结算账户数量共 603.38 万户，同比增长 3.60%，环比增长 0.54%。制造业银行结算账户占全行业结算账户总量的 12.22%，较上季度末下降 0.22 个百分点。

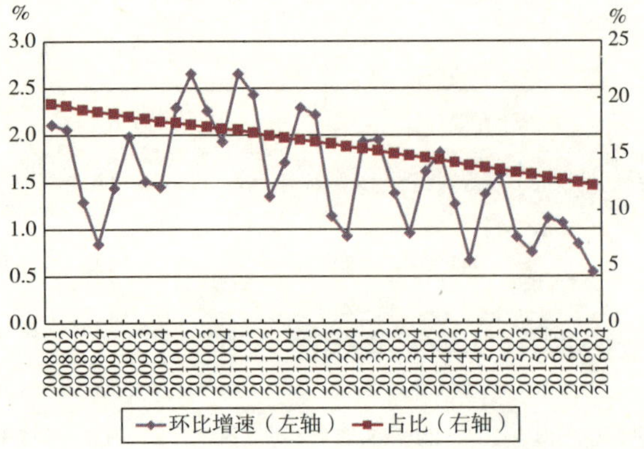

图 18　2008 年第一季度以来制造业单位银行结算账户数量环比增速及占比示意图

（五）从存款人类别分布看，企业法人、个体工商户开立的银行结算账户数量占比超过八成

截至第四季度末，单位银行结算账户数量居前四位的存款人分别是企业法人、个体工商户、非法人企业、机关和事业单位，开立的单位银行结算账户数量分别为3 396.85万户、765.84 万户、332.64 万户和195.09 万户，分别占单位银行结算账户总量的68.81%、15.51%、6.74%和3.95%。

二、个人银行结算账户

个人银行结算账户数量平稳增长。截至第四季度末，全国共开立个人银行结算账户 830 315.62 万户，占银行结算账户总量的99.41%，同比增长13.35%，较上年同期上升 0.18 个百分点；环比增长3.35%，较上季度上升0.16 个百分点。本季度，全国新增个人银行结算账户26 918.26万户。

（一）从地区分布看，东部发达地区个人银行结算账户数量高于其他地区

广东（含深圳）个人银行结算账户数量居全国首位。截至第四季度末，个人银行结算账户数量居前五位的省（直辖市）分别为广东（含深圳）、山东、江苏、浙江和上海，合计 331 078.20 万户，占全国个人银行结算账户总量的 39.87%，占比较上季度末增长0.11 个百分点。

（二）从行别分布看，国有商业银行个人银行结算账户数量占比超过六成

截至第四季度末，国有商业银行、股份制商业银行、中国邮政储蓄银行、其他银行业金融机构的个人银行结算账户数量分别为503 102.21 万户、80 363.68 万户、90 612.41 万户和156 237.33 万户，占比分别为 60.59%、9.68%、10.91% 和18.82%，其中，国有商业银行个人银行结算账户数量占比较上季度下降0.51 个百分点，股份制商业银行个人银行结算账户数量占比较上季度上升0.22 个百分点。

第四季度，国有商业银行、股份制商业银行、中国邮政储蓄银行和其他银行业金融机构新增的个人银行结算账户数量分别为 12 175.56 万户、4 379.48 万户和5 354.98万户和5 008.24 万户。

第四部分

证券结算

一、中央债券综合业务系统

中央结算公司债券托管量稳步增加，现券交易结算量同比继续增长。截至第四季度末，中央结算公司共托管本币债437 268.14亿元，美元债48.65亿美元，本币债比2016年第三季度末增长3.83%，美元债保持不变。本币债中，不可流通债券13 886.95亿元，可流通债券423 381.18亿元。第四季度，中央结算公司现券交易结算228 644笔，金额199 824.46亿元，同比分别增长31.01%和0.95%；回购交易结算320 515笔，金额1 128 997.57亿元，同比分别增长18.25%和减少15.32%，其中，买断式回购交易结算47 098笔，金额51 115.21亿元，同比分别减少8.39%和17.82%，质押式回购交易结算273 417笔，金额1 077 882.35亿元，同比分别增长24.49%和减少15.20%。

非银行机构办理券款对付（DVP）结算业务量保持增长。第四季度末，全国共有14 578家银行间结算成员办理DVP结算业务，比2016年第三季度末增加1 567家。第四季度，结算成员共办理DVP资金结算业务869 349笔，同比增长21.49%，金额2 453 700.62亿元，同比减少14.13%。其中，银行机构办理DVP结算业务162 128笔，金额1 194 023.96亿元，同比分别减少7.80%和25.85%；非银行机构办理DVP结算业务707 221笔，金额1 259 676.66亿元，同比分别增长31.03%和1.01%。

二、中国证券登记结算系统

中国证券登记结算公司登记存管证券数量继续增加，结算总额同比增长。截至第四季度末，中国证券登记结算公司登记存管证券13 054只，比2016年第三季度末增加1 342只。其中，A股3 050只，B股100只，国债228只，地方债589只，政策性金融债2只，企业债2 036只，公司债2 806只，可转债17只，中小企业私募债1 316只，封闭式基金28只，ETF 146只，LOF 595只，实时申赎货币基金9只，资产证券化产品2 132只。其中，公司债比2016年第三季度末减少812只，企业债比2016年第三季度末增加339只，A股比2016年第三季度末增加107只。第四季度结算总额3 310 561.02亿元，同比增加15.40%，结算净额114 184.99亿元，同比减少16.45%。

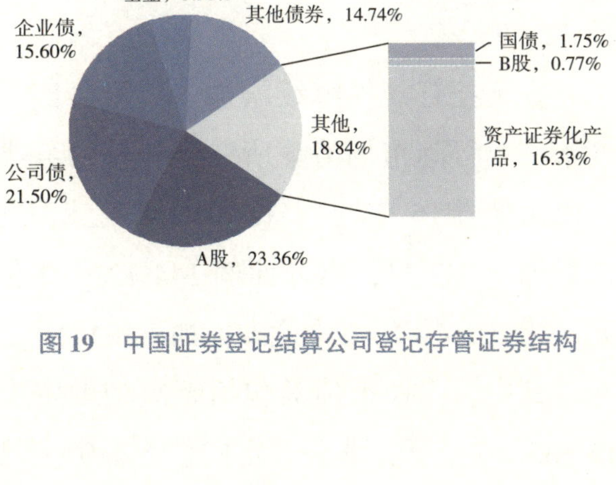

图19　中国证券登记结算公司登记存管证券结构

三、银行间市场清算所股份有限公司业务系统

现券业务以全额清算为主，增长快速，回购业务同比稳步增长。第四季度，银行间市场清算所现券业务全额清算笔数111 502笔，清算面额123 810.40亿元，结算金额123 626.48亿元，同比分别增长23.70%、58.50%和56.33%；现券业务净额清算笔数3 742笔，清算面额11 471.80亿元，结算金额11 411.19亿元，同比分别下降19.16%、4.40%、7.42%。回购业务清算笔数317 770笔，清算面额264 312.07亿元，结算金额342 584.51亿元，同比分别增长23.48%、9.74%和44.94%。其中，质押式回购业务清算笔数297 053笔，清算面额246 041.68亿元，结算金额238 349.82亿元，同比分别增长30.41%、13.44%和12.42%；买断式回购业务清算笔数20 717笔，清算面额18 270.39亿元，结算金额104 234.69亿元，同比下降29.88%、下降23.77%和增长327.96%。

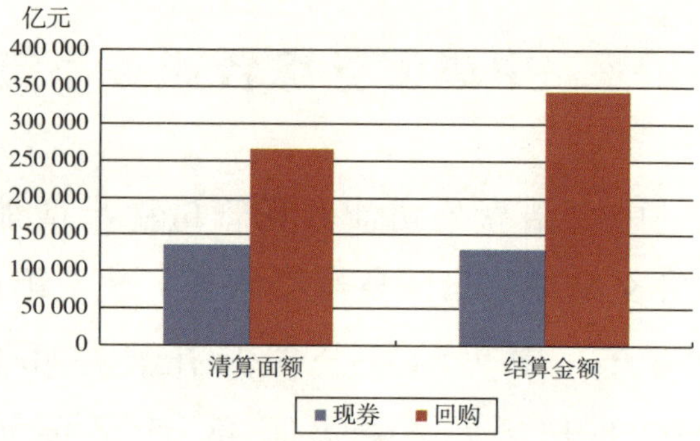

图20 银行间市场清算所业务规模情况

登记托管规模继续增加。截至第四季度末，银行间市场清算所登记托管的各类人民币债券15 108只，比2016年第三季度末增加1 589只，累计面额144 131.10亿元，比2016年第三季度末增加3 464.18亿元。其中，人民币债券包括超短期融资券15 135.30亿元，非公开定向债务融资工具21 797.56亿元，短期融资券6 021.95亿元，区域集优中小企业集合票据5.76亿元，信贷资产支持证券416.77亿元，金融企业短期融资券82.00亿元，非金融企业资产支持票据297.97亿元，资产管理公司金融债1 926.00亿元，政府支持机构债券1 200亿元，中期票据34 311.10亿元，同业存单62 760.90亿元，项目收益票据97.50亿元，绿色债务融资工具80.00亿元。与2016年第三季度末相比，同业存单增加3 503.40亿元，超短期融资券减少1 107.31亿元，中期票据减少168亿元。

市场服务范围不断扩大。截至第四季度末，累计投资者账户数量14 514个，比2016年第三季度末增加1 643个，包括国家开发银行和政策性银行3个，商业银行1 079个，信用社429个，证券公司125个，保险公司95个，财务公司85个，信托公司42个，其他非银行金融机构77个，非金融机构法人104个，非法人机构12 106个，经人民银行批准的境外机构360个和其他机构9个，其中，非法人机构账户

数量比2016年第三季度末增加1 440个。

外汇询价交易净额清算系统业务量同比增加较快。第四季度，外汇净额清算系统共处理人民币外汇交易业务129 913笔，金额26 233.07亿美元，同比分别增长73.50%和58.12%。外汇净额清算仍然以美元、人民币净额结算为主。第四季度，净额清算业务结算总金额17 267.44亿美元，同比下降16.44%。其中，人民币和美元净额结算业务结算金额分别为8 503.41亿美元和8 517.11亿美元，分别占净额清算业务结算总金额的49.25%和49.32%，合计共占98.57%；欧元、日元和英镑净额结算业务结算金额分别为104.28亿美元、59.45亿美元和16.56亿美元。

第五部分

国际支付体系发展概况

一、发达国家支付体系发展概述

美国支付业务量基本稳定。第四季度，纽约清算所银行间支付系统（CHIPS）共处理支付业务2 869.95万笔，金额92.40万亿美元，笔均交易额321.95万美元；日均处理业务47.05万笔，金额1.51万亿美元。第四季度，联邦资金转账系统（Fedwire）共处理支付业务3 762.00万笔，金额172.61万亿美元，笔数同比增加4.38%，金额同比减少15.91%；日均61.67万笔，金额2.83万亿美元。

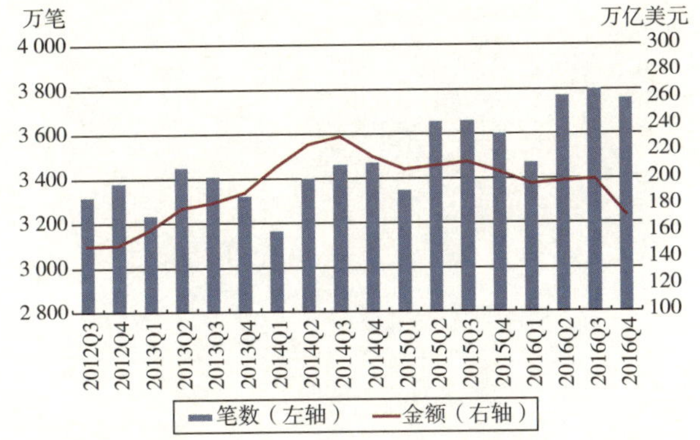

图21　Fedwire业务量趋势示意图

欧元区支付业务量保持稳定增长。第四季度，泛欧自动实时全额结算快速转账系统（TARGET）业务笔数3 522.86万笔，金额136.52万亿欧元，笔数同比增加38.14%，金额同比增加9.41%；日均55.07万笔，金额2.13万亿欧元。从业务量国别分布看，泛欧自动实时全额结算快速转账系统业务仍然主要集中于德国、法国、意大利、西班牙和荷兰五国，五国业务笔数3 174.51万笔，金额112.63万亿欧元，分别占系统总业务量的90.11%和82.50%，同比分别小幅上升；其中，德国业务笔数1 165.27万笔，金额39.86万亿欧元，分别占系统总业务量的33.08%和29.20%，占比同比分别下降17.97个百分点和5.17个百分点。

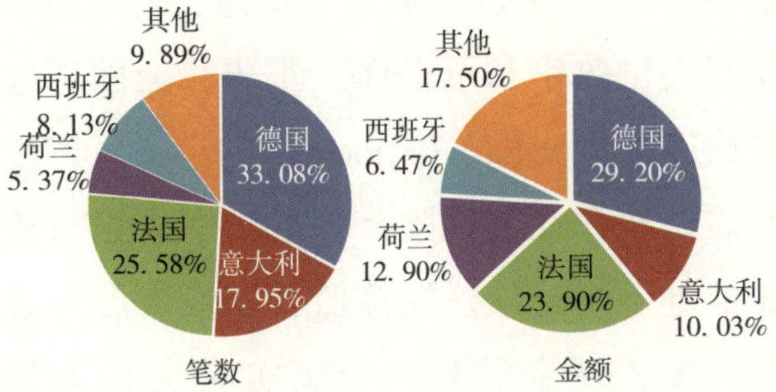

图22　TARGET业务量国别占比示意图

全欧支付系统金额同比上升。第四季度，欧洲银行业协会（EBA）的全欧支付系统（EURO1）交易笔数1 348.24万笔，金额13.34万亿欧元，笔数同比下降3.09%，金额同比增长11.34%；日均21.08万笔，金额2 085.00亿欧元。

日本支付业务量保持基本稳定。第四季度，日本银行金融网络系统（BOJ - NET）共处理支付业务412.5万笔，同比增长1.08%，金额8 484.48万亿日元，同比增长3.79%。全银数据通信系统（Zengin System）共处理支付业务3.86亿笔，同比下降0.31%，金额709.79万亿日元，同比下降4.01%。其中，大额实时贷记转账业务59.00万笔，同比下降2.80%；金额494.12万亿日元，同比下降5.78%；小额贷记转账业务3.86亿笔，同比下降0.30%；金额215.67万亿日元，同比增长0.31%。

二、国际支付体系发展动态

2016年11月8日，支付和市场基础设施委员会（CPMI）发布《快速支付：提高零售支付效率和可得性》报告，全面阐述了快速支付（Fast Payment）的定义、产生的效益和存在的风险，并指出中央银行应在推进系统建设、发挥监管职能、参与建设程度、现金管理、全额实时支付系统（RTGS）系统运行、货币政策和金融稳定等六方面对快速支付带来的影响进行衡量。

2016年12月7日，澳大利亚央行发布双标卡和电子钱包技术发展咨询，旨在解决电子钱包依托双标卡发展中遇到的抑制竞争、限制消费者选择和增加成本等问题。

2016年12月22日，美国联邦储备银行发布《2016年美联储支付研究报告》，该报告显示，美国核心非现金支付业务（含借记卡、信用卡、ACH贷记转账、ACH借记转账和支票支付业务）增加较快，其中，占业务量三分之二的信用卡和借记卡（包括预付和非预付卡）支付量继续增加。

附录一

支付业务统计指标图表

表 1　非现金支付业务量

单位：亿笔、万亿元

时期	笔数	金额
2008Q1	39.75	158.09
2008Q2	44.39	157.46
2008Q3	47.85	157.28
2008Q4	51.28	160.17
2009Q1	46.68	155.50
2009Q2	52.30	167.89
2009Q3	54.11	188.50
2009Q4	61.05	203.86
2010Q1	59.70	201.03
2010Q2	68.54	214.75
2010Q3	71.65	232.64
2010Q4	77.15	256.76
2011Q1	74.29	255.98
2011Q2	82.04	263.41
2011Q3	85.92	282.82
2011Q4	96.49	303.08
2012Q1	90.96	293.35
2012Q2	100.17	308.37
2012Q3	106.48	328.20
2012Q4	113.79	356.57
2013Q1	112.01	371.46
2013Q2	121.91	388.51
2013Q3	128.30	412.89
2013Q4	139.36	434.69
2014Q1	135.52	435.96
2014Q2	150.38	456.20
2014Q3	162.07	457.98
2014Q4	179.55	467.26
2015Q1	202.37	829.43
2015Q2	230.04	852.75
2015Q3	245.93	859.74
2015Q4	264.88	906.93
2016Q1	267.97	888.28
2016Q2	278.89	940.26
2016Q3	328.13	903.43
2016Q4	376.11	955.27

表 2　M_0 占 GDP 比例

单位：%

时期	占比
2008Q1	10.97
2008Q2	10.40
2008Q3	10.48
2008Q4	10.90
2009Q1	10.63
2009Q2	10.45
2009Q3	11.20
2009Q4	11.22
2010Q1	11.05
2010Q2	10.58
2010Q3	10.95
2010Q4	11.12
2011Q1	10.77
2011Q2	10.27
2011Q3	10.45
2011Q4	10.73
2012Q1	10.25
2012Q2	9.97
2012Q3	10.59
2012Q4	10.53
2013Q1	10.47
2013Q2	10.02
2013Q3	10.23
2013Q4	10.29
2014Q1	10.08
2014Q2	9.65
2014Q3	9.78
2014Q4	9.47
2015Q1	9.71
2015Q2	8.82
2015Q3	8.88
2015Q4	9.58
2016Q1	9.54
2016Q2	8.96
2016Q3	9.07
2016Q4	9.24

表 3　非现金支付工具金额

单位：万亿元

时期	票据	银行卡	结算方式
2008Q1	61.51	30.89	65.69
2008Q2	60.84	32.15	64.48
2008Q3	62.22	32.44	62.61
2008Q4	66.79	31.68	61.71
2009Q1	61.85	34.02	59.64
2009Q2	63.52	39.88	64.49
2009Q3	70.21	42.88	75.41
2009Q4	74.46	49.21	80.19
2010Q1	65.79	52.99	82.25
2010Q2	68.88	57.90	87.97
2010Q3	71.69	63.29	97.66
2010Q4	78.15	72.59	106.01
2011Q1	75.67	75.28	105.03
2011Q2	70.68	77.54	115.19
2011Q3	74.87	83.81	124.16
2011Q4	79.90	87.20	135.05
2012Q1	73.42	84.02	135.90
2012Q2	74.36	82.62	151.40
2012Q3	74.21	88.20	165.61
2012Q4	74.38	91.38	190.82
2013Q1	72.35	100.27	198.83
2013Q2	70.51	103.23	214.77
2013Q3	71.14	108.07	233.68
2013Q4	73.70	111.78	249.21
2014Q1	68.57	110.52	256.86
2014Q2	67.38	109.58	279.25
2014Q3	65.69	112.66	279.63
2014Q4	68.34	117.15	281.76
2015Q1	63.89	151.84	613.69
2015Q2	59.50	166.70	626.55
2015Q3	57.79	173.13	628.82
2015Q4	57.06	178.14	671.74
2016Q1	46.16	192.30	649.81
2016Q2	46.77	176.49	717.00
2016Q3	44.39	177.72	681.32
2016Q4	50.47	195.29	709.50

表 4　票据业务量

单位：万笔、亿元

时期	笔数	金额
2008Q1	21 290.95	615 060.63
2008Q2	21 502.81	608 382.13
2008Q3	22 270.38	622 226.28
2008Q4	23 163.31	667 865.72
2009Q1	20 239.43	618 454.47
2009Q2	20 759.86	635 172.15
2009Q3	22 794.88	702 091.34
2009Q4	23 760.42	744 616.93
2010Q1	21 122.49	657 936.21
2010Q2	21 506.08	688 808.71
2010Q3	23 018.14	716 893.81
2010Q4	24 004.95	781 542.59
2011Q1	20 716.61	756 676.54
2011Q2	20 458.51	706 809.26
2011Q3	21 498.13	748 702.55
2011Q4	21 992.46	798 956.13
2012Q1	19 968.93	734 200.06
2012Q2	19 543.93	743 584.79
2012Q3	19 527.72	742 108.39
2012Q4	19 326.50	743 767.93
2013Q1	17 781.91	723 508.12
2013Q2	17 116.20	705 077.09
2013Q3	17 197.19	711 403.46
2013Q4	17 247.46	736 979.84
2014Q1	14 976.61	685 720.68
2014Q2	14 530.98	673 756.79
2014Q3	14 172.90	656 929.75
2014Q4	14 141.20	683 448.14
2015Q1	11 326.32	638 905.17
2015Q2	10 409.12	594 959.65
2015Q3	10 364.58	577 857.23
2015Q4	9 600.52	570 597.61
2016Q1	7 364.98	461 629.69
2016Q2	7 001.38	467 675.79
2016Q3	7 122.80	443 895.24
2016Q4	7 851.89	504 735.98

表5　支票业务量

单位：万笔、亿元

时期	笔数	金额
2008Q1	20 731. 12	571 023. 63
2008Q2	20 948. 89	564 396. 86
2008Q3	21 722. 14	579 569. 93
2008Q4	22 627. 05	623 419. 68
2009Q1	19 736. 74	572 492. 07
2009Q2	20 228. 91	587 586. 81
2009Q3	22 229. 90	644 676. 90
2009Q4	23 178. 17	681 459. 07
2010Q1	20 547. 64	602 064. 66
2010Q2	20 926. 13	631 603. 21
2010Q3	22 403. 46	655 137. 77
2010Q4	23 366. 28	716 229. 35
2011Q1	20 088. 06	690 758. 92
2011Q2	19 848. 29	642 310. 29
2011Q3	20 828. 40	679 156. 66
2011Q4	21 299. 70	725 543. 18
2012Q1	19 254. 71	667 045. 64
2012Q2	18 829. 59	675 194. 66
2012Q3	18 843. 80	674 668. 08
2012Q4	18 670. 68	671 026. 30
2013Q1	17 115. 91	655 434. 03
2013Q2	16 464. 14	633 857. 60
2013Q3	16 527. 32	638 983. 33
2013Q4	16 592. 83	667 346. 88
2014Q1	14 284. 23	615 855. 3
2014Q2	13 874. 88	606 235. 29
2014Q3	13 504. 12	587 865. 81
2014Q4	13 521. 79	615 709. 83
2015Q1	10 636. 63	573 107. 60
2015Q2	9 762. 51	528 383. 04
2015Q3	9 648. 78	507 997. 22
2015Q4	9 076. 65	505 846. 74
2016Q1	6 814. 38	404 142. 53
2016Q2	6 506. 20	409 815. 54
2016Q3	6 585. 62	390 246. 96
2016Q4	7 390. 87	453 801. 57

表6　单笔支票金额

单位：万元

时期	单笔支票金额
2008Q1	27. 54
2008Q2	26. 94
2008Q3	26. 68
2008Q4	27. 55
2009Q1	29. 01
2009Q2	29. 05
2009Q3	29. 00
2009Q4	29. 40
2010Q1	29. 30
2010Q2	30. 18
2010Q3	29. 24
2010Q4	30. 65
2011Q1	34. 39
2011Q2	32. 36
2011Q3	32. 61
2011Q4	34. 06
2012Q1	34. 64
2012Q2	35. 86
2012Q3	35. 80
2012Q4	35. 94
2013Q1	38. 29
2013Q2	38. 50
2013Q3	38. 66
2013Q4	40. 22
2014Q1	43. 11
2014Q2	43. 69
2014Q3	43. 53
2014Q4	45. 53
2015Q1	53. 88
2015Q2	54. 12
2015Q3	52. 65
2015Q4	55. 73
2016Q1	59. 31
2016Q2	62. 99
2016Q3	59. 26
2016Q4	61. 41

表 7　商业汇票业务量

单位：万笔、亿元

时期	笔数	金额
2008Q1	182.27	16 360.11
2008Q2	189.19	15 955.61
2008Q3	196.38	17 567.39
2008Q4	207.47	18 849.23
2009Q1	196.55	20 023.64
2009Q2	197.41	21 457.68
2009Q3	213.19	28 574.71
2009Q4	214.44	26 188.57
2010Q1	220.04	24 215.76
2010Q2	219.00	25 053.00
2010Q3	242.00	28 926.00
2010Q4	255.85	30 260.12
2011Q1	279.10	33 093.36
2011Q2	289.00	32 175.00
2011Q3	328.87	36 571.58
2011Q4	358.96	40 426.06
2012Q1	389.00	35 231.00
2012Q2	392.46	39 514.32
2012Q3	390.82	39 916.18
2012Q4	380.83	45 968.23
2013Q1	394.68	42 148.60
2013Q2	394.17	45 816.47
2013Q3	421.01	48 088.20
2013Q4	420.81	46 356.22
2014Q1	467.39	47 928.99
2014Q2	454.81	46 733.42
2014Q3	479.25	49 418.25
2014Q4	440.70	48 714.47
2015Q1	526.75	52 837.86
2015Q2	471.57	51 257.57
2015Q3	500.21	51 693.66
2015Q4	407.18	54 085.96
2016Q1	412.72	46 656.88
2016Q2	395.31	50 355.38
2016Q3	457.37	47 399.39
2016Q4	391.05	45 087.27

表 8　商业汇票逾期垫款金额

单位：亿元

时期	逾期垫款金额
2008Q1	141.96
2008Q2	127.90
2008Q3	136.30
2008Q4	93.45
2009Q1	108.58
2009Q2	112.84
2009Q3	111.71
2009Q4	105.52
2010Q1	95.73
2010Q2	105.41
2010Q3	98.23
2010Q4	94.90
2011Q1	96.38
2011Q2	105.20
2011Q3	100.33
2011Q4	121.78
2012Q1	192.98
2012Q2	248.74
2012Q3	346.67
2012Q4	348.02
2013Q1	398.34
2013Q2	430.65
2013Q3	473.23
2013Q4	469.51
2014Q1	676.14
2014Q2	766.86
2014Q3	1 027.65
2014Q4	1 057.57
2015Q1	1 335.72
2015Q2	1 348.44
2015Q3	1 503.22
2015Q4	1 400.03
2016Q1	1 526.79
2016Q2	1 469.86
2016Q3	1 519.91
2016Q4	1 319.42

表 9　银行汇票、银行本票业务量

单位：万笔、亿元

时期	银行汇票业务		银行本票业务	
	笔数	金额	笔数	金额
2008Q1	226. 83	12 069. 52	150. 37	15 377. 19
2008Q2	219. 59	11 913. 55	144. 68	15 796. 82
2008Q3	206. 50	10 337. 49	144. 95	14 447. 41
2008Q4	193. 87	10 563. 60	134. 30	14 606. 06
2009Q1	172. 87	9 893. 01	132. 89	15 743. 92
2009Q2	179. 19	10 039. 05	153. 82	15 676. 22
2009Q3	182. 99	10 325. 93	168. 12	17 820. 47
2009Q4	185. 45	10 642. 71	181. 42	25 547. 94
2010Q1	162. 17	9 891. 41	191. 12	20 906. 33
2010Q2	168. 98	9 750. 48	190. 85	20 985. 01
2010Q3	174. 58	10 024. 82	196. 35	21 285. 57
2010Q4	173. 51	10 343. 27	207. 74	22 931. 94
2011Q1	137. 57	8 351. 83	210. 35	22 388. 96
2011Q2	127. 89	7 649. 76	191. 16	22 503. 19
2011Q3	135. 54	7 208. 29	203. 24	22 476. 93
2011Q4	130. 72	7 273. 03	200. 54	21 384. 95
2012Q1	132. 84	8 569. 17	189. 53	18 493. 32
2012Q2	118. 82	6 380. 46	183. 03	18 424. 55
2012Q3	111. 69	6 024. 38	179. 33	17 306. 24
2012Q4	105. 89	6 057. 49	167. 00	16 811. 97
2013Q1	102. 67	5 820. 17	166. 55	15 896. 87
2013Q2	94. 49	5 431. 94	161. 30	15 735. 95
2013Q3	92. 95	5 207. 27	153. 74	14 655. 66
2013Q4	87. 02	5 127. 90	144. 58	13 990. 16
2014Q1	82. 32	4 686. 67	140. 53	12 662. 25
2014Q2	77. 88	4 266. 11	121. 01	11 552. 06
2014Q3	76. 02	3 980. 97	111. 05	9 991. 96
2014Q4	71. 34	3 899. 84	104. 70	9 378. 16
2015Q1	61. 62	3 880. 54	101. 60	9 079. 17
2015Q2	60. 58	4 013. 49	114. 46	11 305. 55
2015Q3	45. 44	3 404. 22	170. 15	14 762. 13
2015Q4	44. 30	4 295. 98	72. 39	6 368. 93
2016Q1	57. 00	3 353. 89	80. 88	7 476. 39
2016Q2	42. 42	2 524. 25	57. 46	4 980. 62
2016Q3	29. 84	1 908. 94	49. 97	4 339. 95
2016Q4	23. 75	1 717. 53	46. 22	4 129. 62

表 10　银行卡数量

单位：万张

时期	银行卡数量
2008Q1	158 650.23
2008Q2	162 097.72
2008Q3	172 889.69
2008Q4	180 038.90
2009Q1	188 837.41
2009Q2	197 933.62
2009Q3	207 715.70
2009Q4	206 594.37
2010Q1	216 914.06
2010Q2	226 571.88
2010Q3	237 985.51
2010Q4	241 530.92
2011Q1	255 292.34
2011Q2	267 410.37
2011Q3	280 573.36
2011Q4	294 904.98
2012Q1	310 247.69
2012Q2	322 484.97
2012Q3	339 974.82
2012Q4	353 414.72
2013Q1	369 379.15
2013Q2	383 315.92
2013Q3	396 590.59
2013Q4	421 389.29
2014Q1	439 052.87
2014Q2	453 966.97
2014Q3	474 634.10
2014Q4	493 571.86
2015Q1	499 879.21
2015Q2	503 211.82
2015Q3	525 214.37
2015Q4	544 231.29
2016Q1	565 784.45
2016Q2	582 862.59
2016Q3	601 547.78
2016Q4	612 463.80

表 11　信用卡数量

单位：万张

时期	信用卡数量
2008Q1	10 472.96
2008Q2	12 240.09
2008Q3	13 145.67
2008Q4	14 232.89
2009Q1	15 047.31
2009Q2	16 261.50
2009Q3	17 525.13
2009Q4	18 555.56
2010Q1	19 268.43
2010Q2	20 716.03
2010Q3	22 232.74
2010Q4	22 965.31
2011Q1	24 224.61
2011Q2	25 750.99
2011Q3	26 745.98
2011Q4	28 545.89
2012Q1	29 070.78
2012Q2	30 221.03
2012Q3	31 776.27
2012Q4	33 109.53
2013Q1	34 259.02
2013Q2	36 364.32
2013Q3	37 623.93
2013Q4	39 079.24
2014Q1	41 356.16
2014Q2	42 191.51
2014Q3	43 599.58
2014Q4	45 509.50
2015Q1	42 378.19
2015Q2	39 582.20
2015Q3	41 080.40
2015Q4	39 313.11
2016Q1	40 931.96
2016Q2	43 126.28
2016Q3	45 275.75
2016Q4	42 041.72

表 12 ATM 数量

单位：万台

时期	ATM 数量
2008Q1	13.76
2008Q2	14.83
2008Q3	15.83
2008Q4	16.75
2009Q1	17.19
2009Q2	18.98
2009Q3	19.97
2009Q4	21.49
2010Q1	22.16
2010Q2	23.05
2010Q3	24.79
2010Q4	27.11
2011Q1	28.68
2011Q2	29.31
2011Q3	30.93
2011Q4	33.38
2012Q1	35.39
2012Q2	37.30
2012Q3	39.15
2012Q4	41.56
2013Q1	44.25
2013Q2	46.56
2013Q3	48.40
2013Q4	52.00
2014Q1	54.28
2014Q2	56.07
2014Q3	58.37
2014Q4	61.49
2015Q1	72.17
2015Q2	81.45
2015Q3	84.08
2015Q4	86.67
2016Q1	88.98
2016Q2	90.63
2016Q3	90.74
2016Q4	92.42

表 13 银行卡业务量

单位：万笔、亿元

时期	笔数	金额
2008Q1	308 914.62	358 533.36
2008Q2	321 451.93	403 452.26
2008Q3	324 439.05	436 389.62
2008Q4	316 768.16	468 827.84
2009Q1	340 213.82	427 938.95
2009Q2	398 842.90	481 403.65
2009Q3	428 772.22	496 412.75
2009Q4	492 085.66	563 364.54
2010Q1	529 871.24	553 396.06
2010Q2	578 967.97	638 255.49
2010Q3	632 877.53	665 828.76
2010Q4	725 913.51	718 190.55
2011Q1	752 788.13	695 230.06
2011Q2	775 369.62	770 566.63
2011Q3	838 092.75	806 526.19
2011Q4	872 002.76	905 639.96
2012Q1	840 207.22	857 917.69
2012Q2	826 154.60	947 078.08
2012Q3	881 974.11	1 007 828.43
2012Q4	913 783.32	1 078 574.73
2013Q1	1 002 730.40	1 062 548.40
2013Q2	1 157 282.91	1 032 340.20
2013Q3	1 217 285.19	1 080 686.70
2013Q4	1 322 440.47	1 117 844.28
2014Q1	1 285 458.05	1 105 207.47
2014Q2	1 429 090.89	1 095 772.36
2014Q3	1 538 158.73	1 126 587.18
2014Q4	1 704 636.24	1 171 455.18
2015Q1	1 777 862.62	1 518 445.25
2015Q2	2 077 370.95	1 667 043.57
2015Q3	2 235 680.19	1 731 288.51
2015Q4	2 431 963.26	1 781 378.33
2016Q1	2 463 622.30	1 923 037.95
2016Q2	2 557 733.86	1 764 930.59
2016Q3	3 038 202.78	1 777 342.94
2016Q4	3 492 013.27	1 952 947.41

表 14　银行卡消费业务量

单位：万笔、亿元

时期	笔数	金额
2008Q1	55 534.46	8 246.26
2008Q2	60 605.34	9 528.60
2008Q3	71 310.82	10 232.36
2008Q4	77 082.68	11 466.88
2009Q1	74 674.04	12 219.99
2009Q2	81 807.39	15 586.57
2009Q3	91 161.45	19 132.32
2009Q4	101 481.00	21 674.06
2010Q1	104 935.75	21 459.47
2010Q2	116 591.80	23 717.97
2010Q3	125 928.16	25 960.09
2010Q4	137 486.63	33 160.12
2011Q1	136 359.19	32 472.44
2011Q2	151 304.13	36 360.83
2011Q3	163 997.06	40 729.94
2011Q4	189 640.54	42 555.59
2012Q1	186 518.40	41 426.51
2012Q2	209 043.16	48 229.58
2012Q3	230 903.66	55 625.01
2012Q4	274 441.62	62 974.94
2013Q1	268 066.96	66 402.61
2013Q2	305 588.88	74 224.89
2013Q3	331 283.14	82 733.45
2013Q4	392 156.47	94 954.30
2014Q1	377 099.04	95 428.89
2014Q2	471 739.33	100 393.35
2014Q3	513 187.11	108 099.87
2014Q4	613 414.14	119 917.89
2015Q1	603 813.80	121 384.78
2015Q2	694 165.25	141 089.45
2015Q3	761 203.12	142 649.88
2015Q4	843 812.30	144 881.03
2016Q1	791 388.88	133 923.15
2016Q2	886 990.51	136 802.39
2016Q3	977 941.22	143 255.78
2016Q4	1 180 798.18	151 136.93

表 15　银行卡期末授信总额

单位：亿元

时期	金额
2008Q1	5 067.61
2008Q2	6 931.74
2008Q3	8 910.47
2008Q4	9 804.57
2009Q1	10 350.91
2009Q2	11 736.44
2009Q3	12 445.13
2009Q4	13 634.96
2010Q1	14 794.98
2010Q2	16 421.15
2010Q3	18 588.29
2010Q4	20 009.56
2011Q1	20 924.38
2011Q2	22 989.72
2011Q3	24 457.71
2011Q4	26 014.23
2012Q1	27 862.09
2012Q2	29 917.55
2012Q3	33 341.56
2012Q4	34 857.60
2013Q1	36 600.50
2013Q2	39 768.14
2013Q3	43 453.72
2013Q4	45 723.56
2014Q1	47 992.19
2014Q2	50 908.94
2014Q3	53 221.06
2014Q4	56 013.15
2015Q1	62 438.41
2015Q2	64 174.73
2015Q3	67 339.37
2015Q4	70 783.92
2016Q1	74 694.01
2016Q2	80 497.81
2016Q3	86 150.95
2016Q4	91 354.28

表 16　银行卡应偿信贷余额

单位：亿元

时期	金额
2008Q1	884.22
2008Q2	1 061.52
2008Q3	1 309.28
2008Q4	1 582.12
2009Q1	1 658.60
2009Q2	1 879.21
2009Q3	2 184.36
2009Q4	2 457.58
2010Q1	2 485.83
2010Q2	2 877.60
2010Q3	3 716.79
2010Q4	4 491.61
2011Q1	4 737.82
2011Q2	5 851.06
2011Q3	6 932.16
2011Q4	8 129.56
2012Q1	7 520.86
2012Q2	8 612.12
2012Q3	10 035.47
2012Q4	11 386.69
2013Q1	13 520.20
2013Q2	15 309.18
2013Q3	17 018.12
2013Q4	18 423.61
2014Q1	18 844.78
2014Q2	20 449.56
2014Q3	21 909.78
2014Q4	23 352.08
2015Q1	27 390.88
2015Q2	29 805.00
2015Q3	31 165.60
2015Q4	32 848.26
2016Q1	33 554.47
2016Q2	35 683.27
2016Q3	37 770.73
2016Q4	40 610.47

表 17　信用卡逾期账户透支余额（M_6 +）

单位：亿元

时期	金额
2008Q1	21.32
2008Q2	24.96
2008Q3	32.79
2008Q4	33.78
2009Q1	49.70
2009Q2	57.72
2009Q3	74.25
2009Q4	76.96
2010Q1	88.04
2010Q2	73.02
2010Q3	79.20
2010Q4	76.89
2011Q1	82.07
2011Q2	99.29
2011Q3	106.52
2011Q4	110.31
2012Q1	120.35
2012Q2	132.64
2012Q3	144.32
2012Q4	146.59
2013Q1	170.33
2013Q2	196.21
2013Q3	226.17
2013Q4	251.92
2014Q1	281.95
2014Q2	321.24
2014Q3	351.64
2014Q4	357.64
2015Q1	286.72
2015Q2	337.33
2015Q3	384.33
2015Q4	380.27
2016Q1	458.09
2016Q2	480.57
2016Q3	537.50
2016Q4	535.68

表 18　2016 年第四季度支付系统业务量统计

单位：万笔、亿元、%

系统名称	笔数	金额	笔数占比	金额占比
大额实时支付系统	22 775.26	9 113 164.95	1.32	68.54
小额批量支付系统	71 347.65	90 887.50	4.14	0.68
网上支付跨行清算系统	136 477.69	108 238.00	7.93	0.81
同城清算系统	9 801.16	345 862.02	0.57	2.60
境内外币支付系统	47.56	14 189.80	0.00	0.11
全国支票影像交换系统	213.82	1 098.49	0.01	0.01
银行业金融机构行内支付系统	784 650.68	3 406 128.50	45.57	25.62
银行卡跨行支付系统	639 268.62	182 315.11	37.12	1.37
城市商业银行汇票处理系统和支付清算系统	107.51	2 408.85	0.01	0.02
农信银支付清算系统	57 322.56	14 809.35	3.33	0.11
人民币跨境支付系统	24.08	17 776.72	0.00	0.13
合计	1 722 036.59	13 296 879.29	100.00	100.00

表 19 大额实时支付系统业务量统计

单位：万笔、万亿元

时期	笔数	金额
2008Q1	4 625. 95	159. 93
2008Q2	5 271. 81	160. 55
2008Q3	5 562. 37	160. 92
2008Q4	5 946. 39	158. 83
2009Q1	5 139. 85	162. 49
2009Q2	5 889. 00	191. 00
2009Q3	6 670. 00	224. 00
2009Q4	7 102. 00	226. 00
2010Q1	6 721. 00	234. 00
2010Q2	6 915. 00	256. 00
2010Q3	7 325. 00	306. 00
2010Q4	8 162. 00	308. 00
2011Q1	7 077. 00	306. 00
2011Q2	8 824. 00	337. 00
2011Q3	9 879. 17	348. 00
2011Q4	10 830. 15	363. 95
2012Q1	10 014. 81	378. 47
2012Q2	11 179. 41	446. 41
2012Q3	12 559. 00	463. 00
2012Q4	13 281. 97	483. 62
2013Q1	12 747. 40	504. 31
2013Q2	13 933. 16	517. 40
2013Q3	15 790. 04	520. 15
2013Q4	17 078. 07	518. 90
2014Q1	15 965. 18	533. 20
2014Q2	17 234. 78	615. 74
2014Q3	18 620. 36	637. 40
2014Q4	19 436. 17	560. 56
2015Q1	18 009. 70	529. 98
2015Q2	19 547. 87	726. 43
2015Q3	20 240. 08	795. 20
2015Q4	21 086. 21	900. 45
2016Q1	19 165. 99	831. 13
2016Q2	19 527. 48	899. 95
2016Q3	21 098. 24	973. 90
2016Q4	22 775. 26	911. 32

表 20 小额批量支付系统业务量统计

单位：万笔、亿元

时期	笔数	金额
2008Q1	1 682. 12	3 165. 17
2008Q2	3 300. 88	9 981. 71
2008Q3	6 248. 94	21 262. 93
2008Q4	4 345. 75	17 719. 63
2009Q1	4 132. 21	29 141. 17
2009Q2	5 083. 02	25 422. 96
2009Q3	6 270. 27	27 487. 79
2009Q4	7 095. 03	32 565. 12
2010Q1	6 766. 13	37 999. 87
2010Q2	8 783. 28	39 791. 01
2010Q3	10 716. 91	39 581. 41
2010Q4	12 313. 98	43 977. 83
2011Q1	11 277. 71	47 872. 24
2011Q2	13 257. 72	45 341. 42
2011Q3	14 093. 35	44 965. 90
2011Q4	15 711. 79	46 369. 20
2012Q1	15 452. 99	49 734. 04
2012Q2	17 600. 66	43 777. 65
2012Q3	20 166. 35	44 965. 02
2012Q4	22 184. 25	46 346. 56
2013Q1	20 927. 75	57 825. 65
2013Q2	24 114. 78	46 609. 36
2013Q3	28 095. 01	47 946. 52
2013Q4	30 890. 12	50 772. 98
2014Q1	29 177. 23	52 652. 88
2014Q2	33 575. 79	52 180. 96
2014Q3	38 363. 47	55 904. 27
2014Q4	42 463. 66	60 013. 12
2015Q1	39 014. 19	55 018. 36
2015Q2	44 111. 31	61 397. 04
2015Q3	48 300. 19	64 626. 76
2015Q4	52 101. 26	68 360. 52
2016Q1	48 348. 58	66 627. 69
2016Q2	54 239. 44	72 013. 85
2016Q3	60 894. 46	79 602. 20
2016Q4	71 347. 65	90 887. 50

表 21　同城清算系统业务量统计

单位：万笔、亿元

时期	笔数	金额
2008Q1	9 951.69	180 197.64
2008Q2	10 402.96	183 655.23
2008Q3	10 988.79	177 879.09
2008Q4	11 477.26	177 656.09
2009Q1	9 823.21	165 247.20
2009Q2	10 510.63	161 067.07
2009Q3	11 206.35	174 035.83
2009Q4	11 503.18	193 711.64
2010Q1	10 937.45	179 662.73
2010Q2	11 268.35	178 751.56
2010Q3	11 328.28	174 404.28
2010Q4	11 423.42	199 086.85
2011Q1	10 008.08	175 477.45
2011Q2	10 365.57	173 227.18
2011Q3	10 615.07	173 701.46
2011Q4	10 814.31	187 078.61
2012Q1	9 106.16	155 724.10
2012Q2	9 523.85	160 753.46
2012Q3	10 255.71	166 962.41
2012Q4	10 147.88	179 061.00
2013Q1	10 153.76	173 377.22
2013Q2	10 322.94	165 206.78
2013Q3	10 641.96	166 310.24
2013Q4	10 752.83	177 992.65
2014Q1	9 210.37	158 601.28
2014Q2	9 389.78	154 070.38
2014Q3	9 661.55	152 714.92
2014Q4	10 119.84	166 806.72
2015Q1	9 603.52	283 718.68
2015Q2	9 664.43	307 060.52
2015Q3	9 627.79	305 060.03
2015Q4	10 619.98	347 524.57
2016Q1	8 892.23	313 533.84
2016Q2	9 098.13	305 813.92
2016Q3	9 455.05	342 839.77
2016Q4	9 801.16	345 862.02

表 22　境内外币支付系统业务量统计

单位：万笔、亿元

时期	笔数	金额（折合人民币）	金额（折合美元）
2010Q1	10.03	1 440.04	210.95
2010Q2	12.45	1 980.20	290.02
2010Q3	15.51	2 706.01	399.57
2010Q4	16.49	3 380.13	507.53
2011Q1	15.87	3 246.38	494.01
2011Q2	20.02	3 893.29	600.58
2011Q3	16.30	4 499.79	704.08
2011Q4	24.05	5 464.30	861.83
2012Q1	22.12	6 479.90	1 028.23
2012Q2	27.58	8 406.66	1 335.57
2012Q3	30.92	9 342.56	1 473.79
2012Q4	30.43	9 385.67	1 489.79
2013Q1	28.90	9 612.85	1 530.17
2013Q2	33.33	10 400.21	1 674.87
2013Q3	37.49	11 129.75	1 803.24
2013Q4	39.72	13 152.05	2 142.86
2014Q1	38.07	11 980.18	1 961.33
2014Q2	49.28	13 006.89	2 113.98
2014Q3	53.04	14 084.59	2 289.25
2014Q4	50.74	13 738.14	2 245.16
2015Q1	44.98	12 455.23	2 027.81
2015Q2	52.75	12 254.85	2 004.53
2015Q3	56.31	17 739.22	2 788.62
2015Q4	53.84	14 552.72	2 241.09
2016Q1	48.07	13 758.45	2 129.40
2016Q2	52.38	12 528.43	1 889.32
2016Q3	50.57	14 255.55	2 134.77
2016Q4	47.56	14 189.80	2 045.52

表 23　银行业金融机构行内支付系统业务量统计

单位：万笔、亿元

时期	笔数	金额
2008Q1	65 845. 71	918 901. 55
2008Q2	71 433. 04	972 931. 81
2008Q3	74 012. 38	869 691. 33
2008Q4	76 938. 81	677 484. 60
2009Q1	72 757. 24	645 442. 59
2009Q2	81 201. 77	675 827. 28
2009Q3	90 256. 11	876 783. 05
2009Q4	94 568. 34	949 499. 60
2010Q1	99 829. 07	962 267. 53
2010Q2	105 182. 78	1 033 302. 73
2010Q3	154 488. 61	1 214 301. 32
2010Q4	164 959. 83	1 370 846. 27
2011Q1	172 870. 85	1 289 149. 22
2011Q2	171 171. 85	1 257 771. 07
2011Q3	185 941. 35	1 363 861. 11
2011Q4	199 092. 73	1 395 039. 72
2012Q1	204 460. 10	1 439 891. 61
2012Q2	214 398. 51	1 509 291. 72
2012Q3	229 758. 64	1 625 050. 15
2012Q4	256 256. 58	1 671 360. 16
2013Q1	240 139. 26	1 605 174. 86
2013Q2	269 715. 06	1 833 255. 37
2013Q3	268 033. 84	1 891 426. 26
2013Q4	298 027. 34	2 122 367. 95
2014Q1	298 958. 06	2 082 914. 45
2014Q2	340 809. 62	2 163 213. 57
2014Q3	379 929. 40	2 283 909. 85
2014Q4	412 116. 72	2 432 759. 68
2015Q1	381 643. 81	3 140 296. 62
2015Q2	458 591. 09	3 161 264. 98
2015Q3	535 163. 07	2 727 223. 42
2015Q4	595 377. 54	2 911 337. 09
2016Q1	554 342. 42	2 842 579. 42
2016Q2	568 185. 67	2 942 988. 80
2016Q3	675 849. 08	2 962 996. 94
2016Q4	784 650. 68	3 406 128. 50

表 24　银行卡跨行支付系统业务量统计

单位：万笔、亿元

时期	笔数	金额
2008Q1	78 013. 17	9 825. 06
2008Q2	85 027. 99	11 012. 85
2008Q3	94 442. 11	12 055. 10
2008Q4	102 260. 23	12 616. 46
2009Q1	100 493. 93	14 403. 95
2009Q2	108 967. 40	17 606. 60
2009Q3	117 198. 15	20 890. 28
2009Q4	126 147. 37	23 735. 43
2010Q1	123 303. 10	23 591. 55
2010Q2	134 455. 43	25 183. 75
2010Q3	144 466. 80	28 129. 79
2010Q4	155 440. 76	34 942. 24
2011Q1	152 620. 01	33 029. 98
2011Q2	165 594. 07	36 098. 72
2011Q3	178 707. 37	39 996. 92
2011Q4	190 876. 18	41 021. 18
2012Q1	184 162. 94	40 859. 61
2012Q2	201 439. 06	46 335. 40
2012Q3	215 473. 42	52 438. 91
2012Q4	226 220. 30	57 802. 71
2013Q1	221 099. 55	60 650. 29
2013Q2	240 463. 75	65 354. 75
2013Q3	257 135. 92	71 684. 62
2013Q4	272 657. 08	80 286. 70
2014Q1	263 054. 31	78 512. 58
2014Q2	287 729. 20	81 478. 03
2014Q3	304 238. 43	84 970. 96
2014Q4	325 890. 34	91 115. 46
2015Q1	463 687. 58	107 177. 44
2015Q2	504 988. 39	117 165. 28
2015Q3	537 411. 18	127 077. 46
2015Q4	560 670. 29	141 332. 56
2016Q1	538 184. 37	153 149. 16
2016Q2	586 444. 41	162 165. 01
2016Q3	612 282. 69	173 064. 72
2016Q4	639 268. 62	182 315. 11

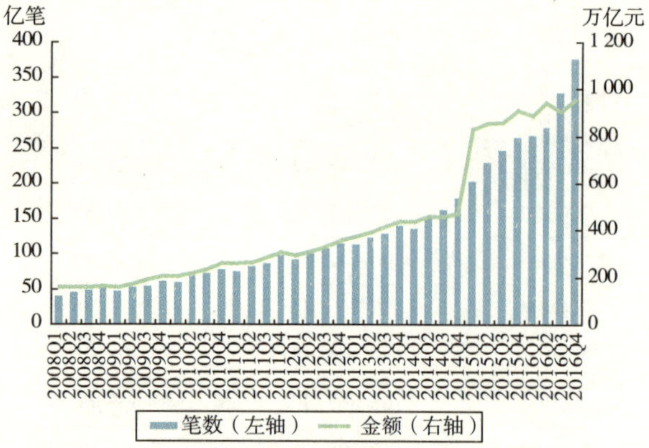

图 1　2008 年第一季度以来非现金支付业务量增长趋势

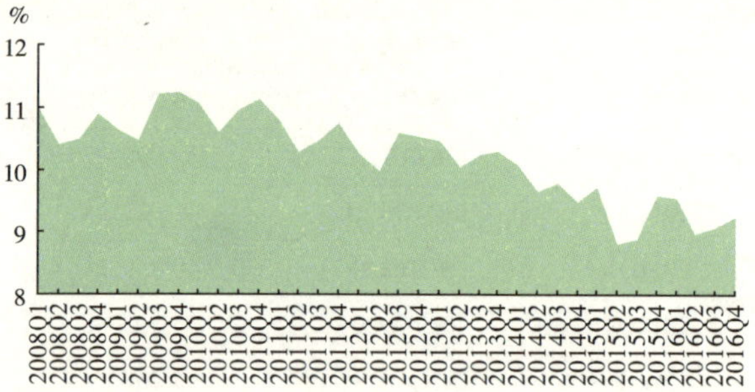

图 2　2008 年第一季度以来 M_0 占 GDP 比例趋势

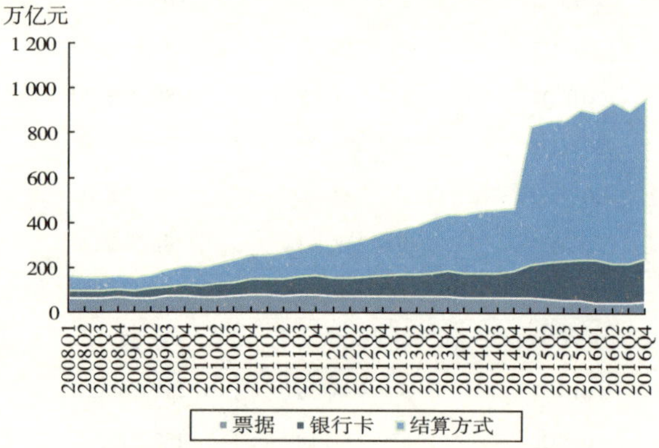

图 3　2008 年第一季度以来非现金支付工具金额增长趋势

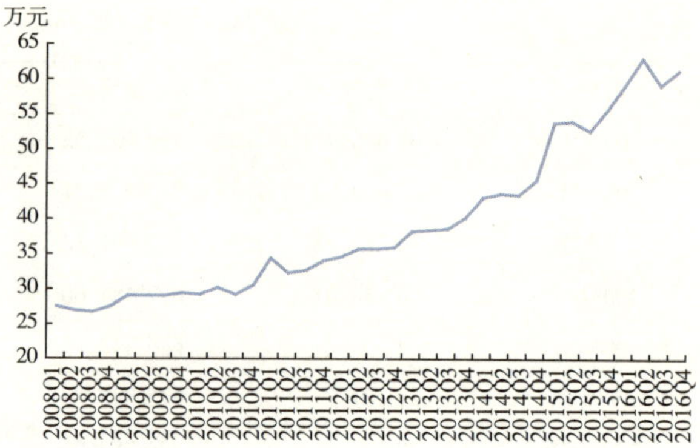

图 4　2008 年第一季度以来单笔支票金额趋势

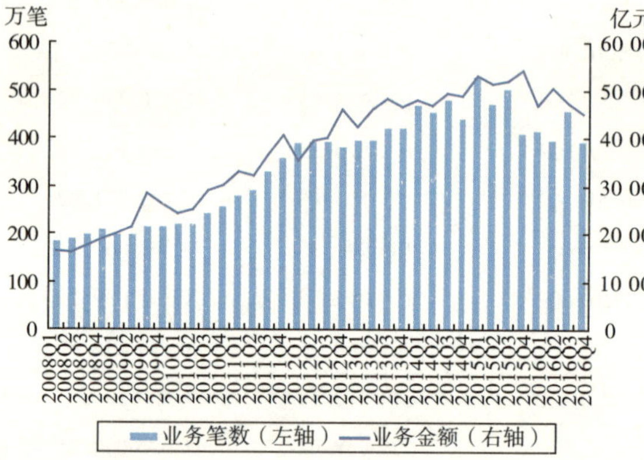

图 5　2008 年第一季度以来商业汇票业务量趋势

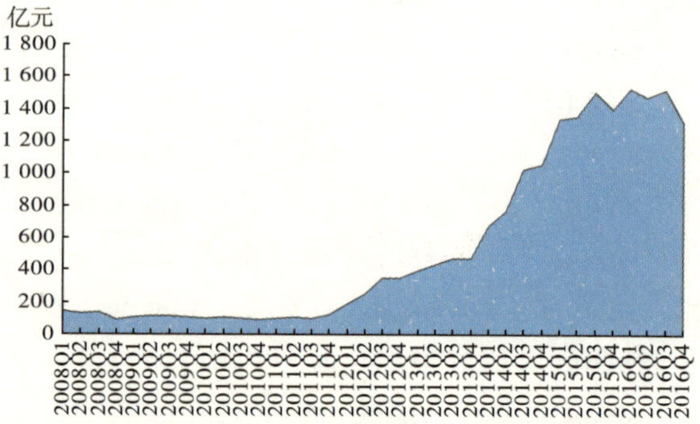

图 6　2008 年第一季度以来商业汇票逾期垫款金额趋势

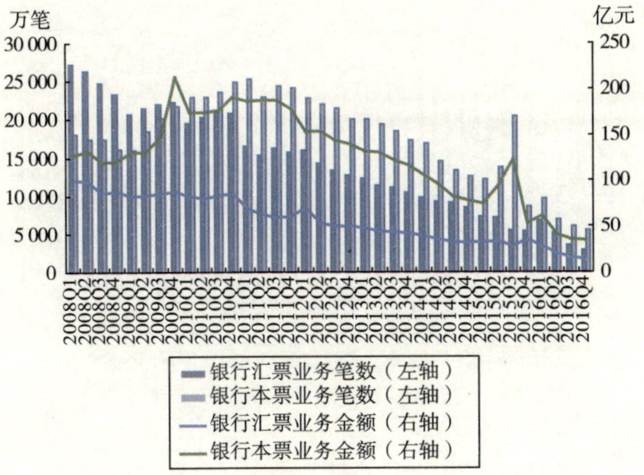

图 7　2008 年第一季度以来银行汇票、本票业务量趋势

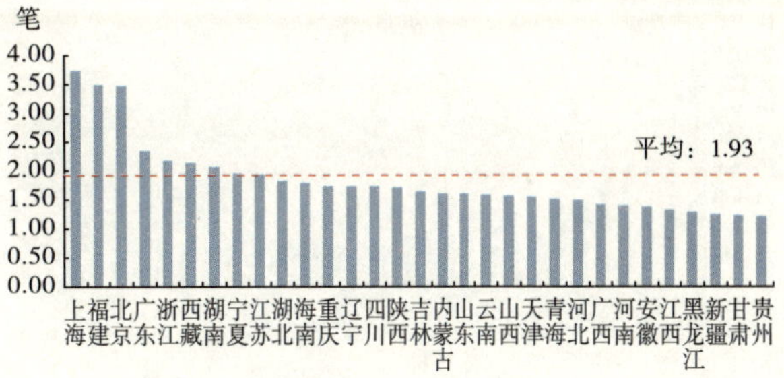

图 10　2016 年第四季度各省

（自治区、直辖市）银行卡卡均消费笔数

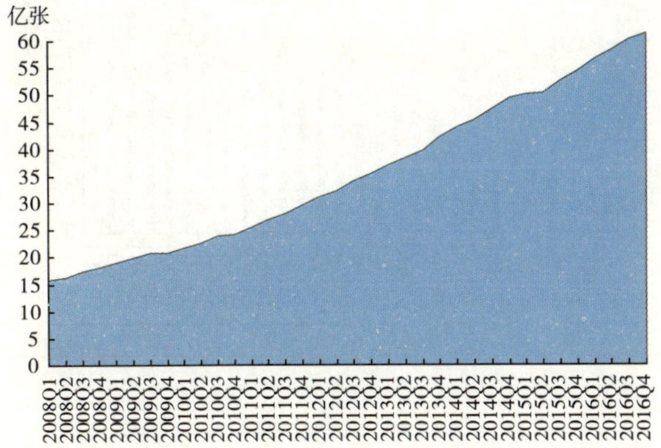

图 8　2008 年第一季度以来银行卡在用发卡数量

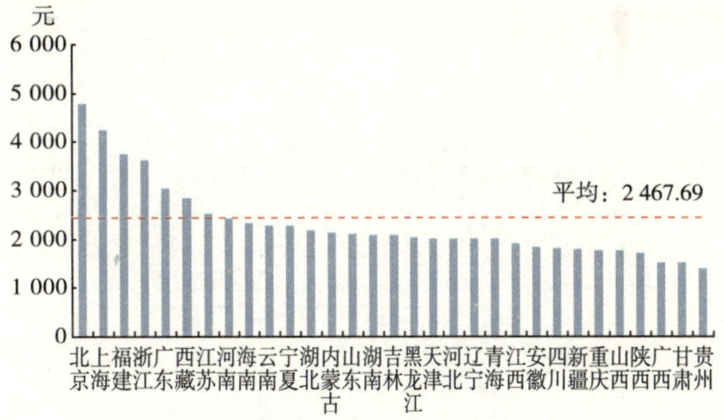

图 11　2016 年第四季度各省（自治区、直辖市）

银行卡卡均消费金额

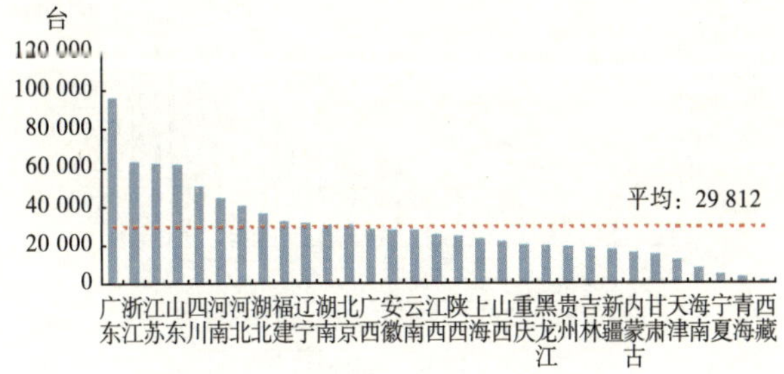

图 9　2016 年第四季度末各省（自治区、直辖市）ATM 数量

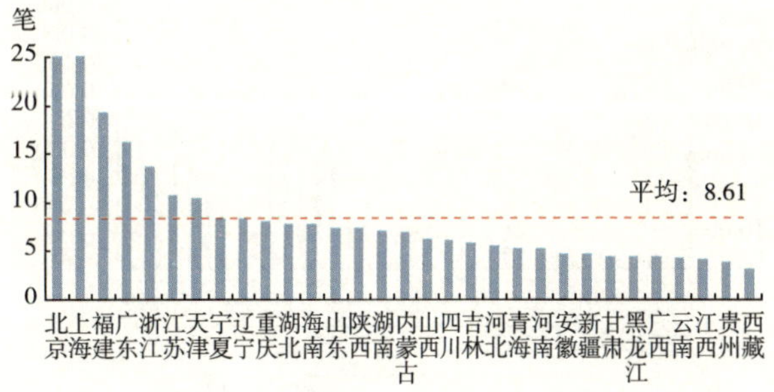

图 12　2016 年第四季度各省（自治区、直辖市）

银行卡人均消费笔数

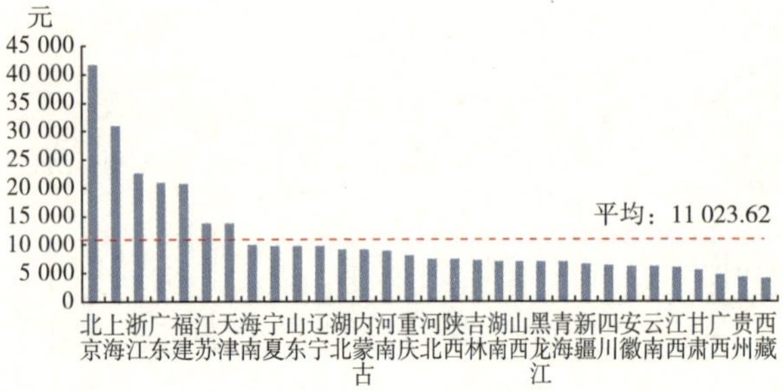

图 13　2016 年第四季度各省（自治区、直辖市）银行卡人均消费金额

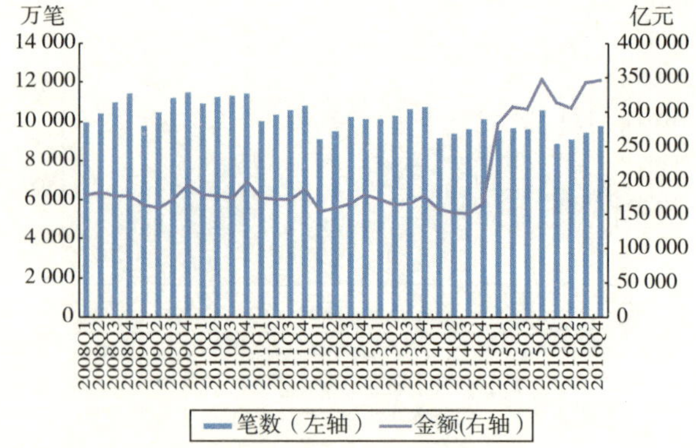

图 16　同城清算系统业务量季度变动趋势

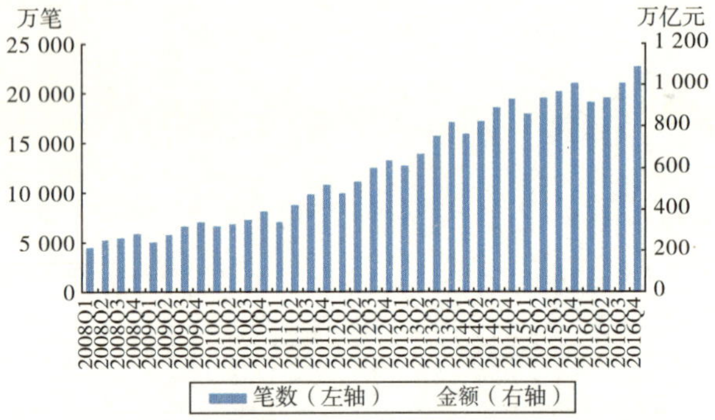

图 14　大额实时支付系统业务量季度变动趋势

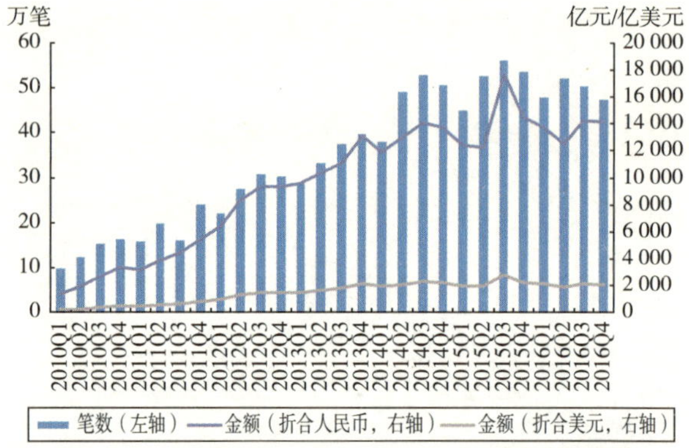

图 17　境内外币支付系统业务量季度变动趋势

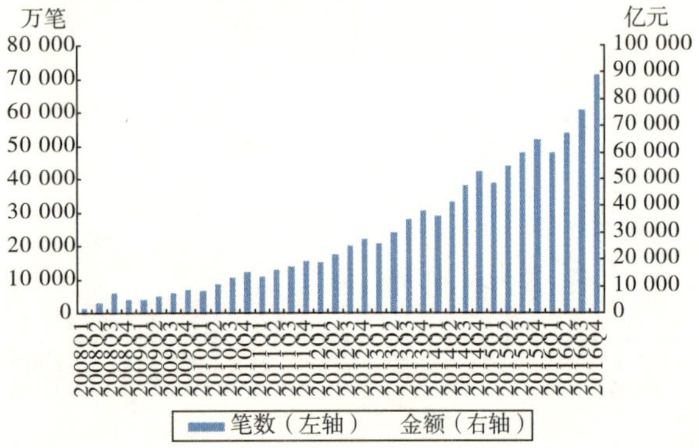

图 15　小额批量支付系统业务量季度变动趋势

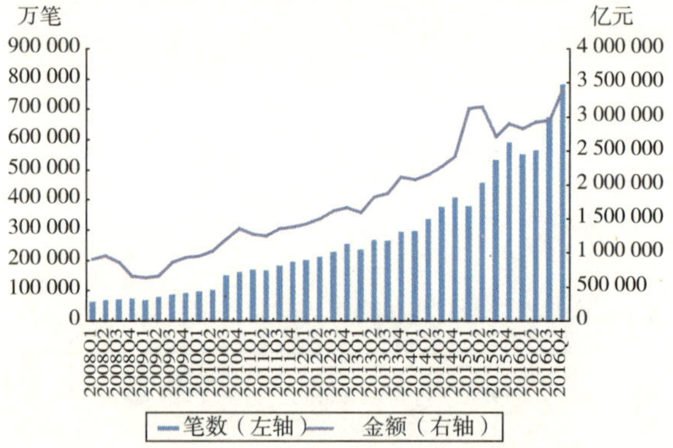

图 18　银行业金融机构行内支付系统业务量季度变动趋势

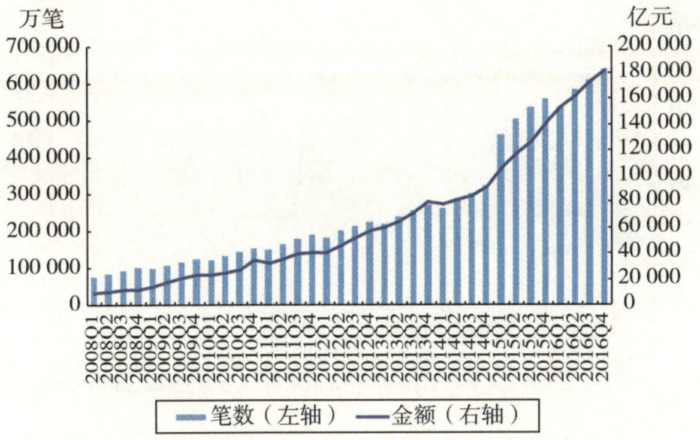

图 19　银行卡跨行支付系统业务量变动趋势

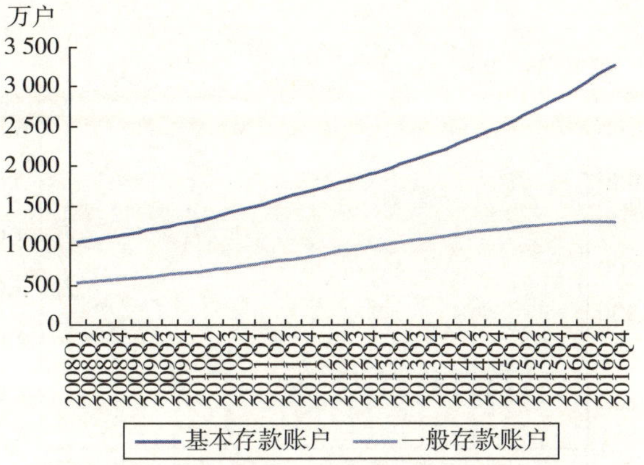

图 22　账户数量变动趋势（基本、一般存款）

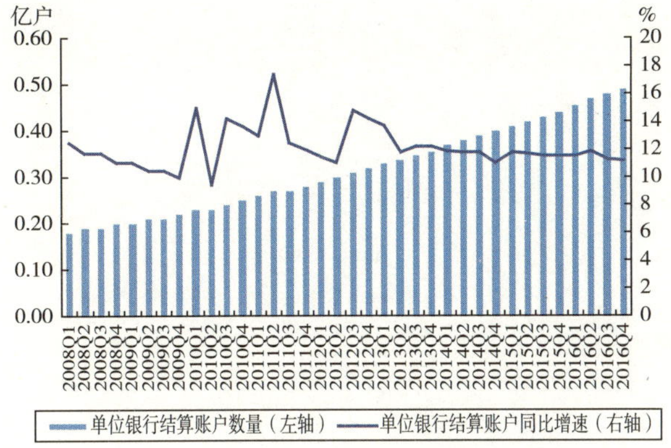

图 20　单位银行结算账户数量变动趋势

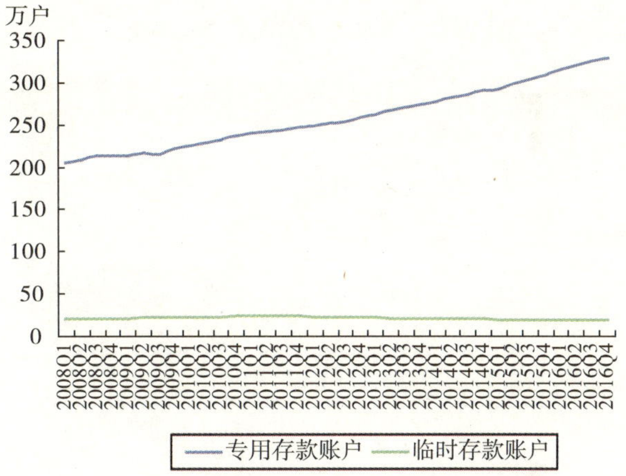

图 23　账户数量变动趋势（临时、专用存款）

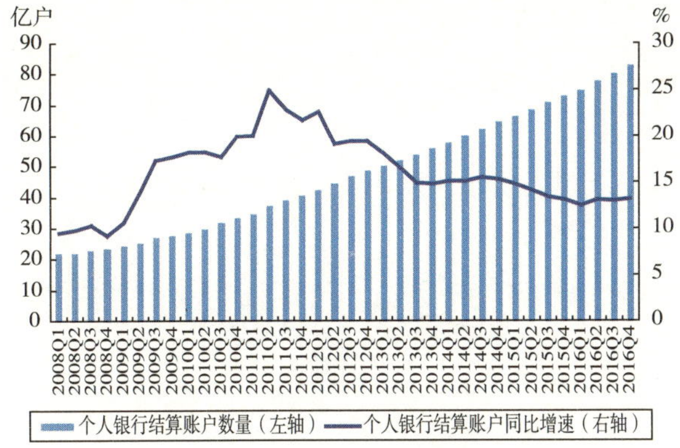

图 21　个人银行结算账户数量变动趋势

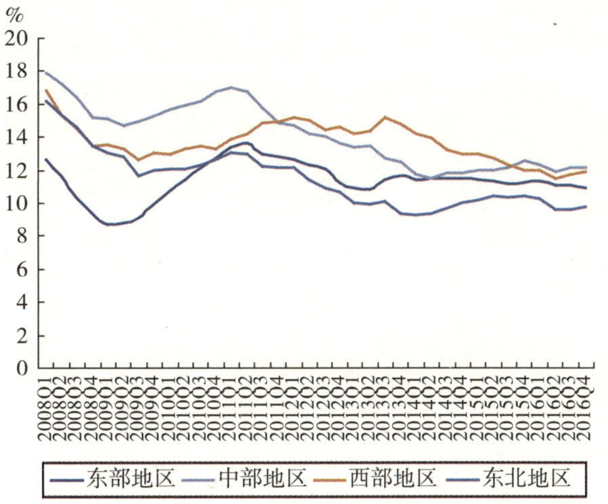

图 24　各地区单位银行结算账户同比增速趋势对比

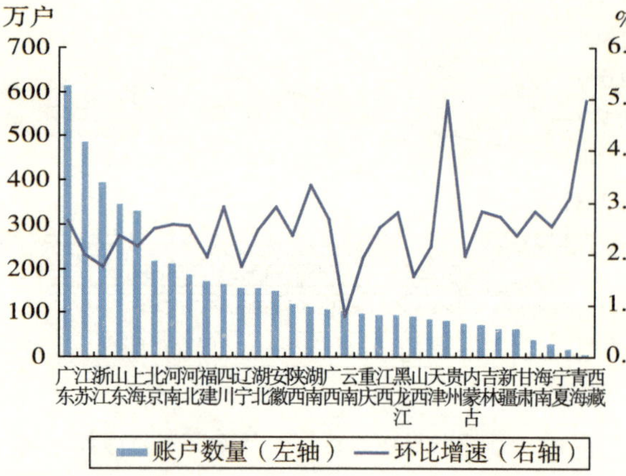

图 25　单位银行结算账户地区分布

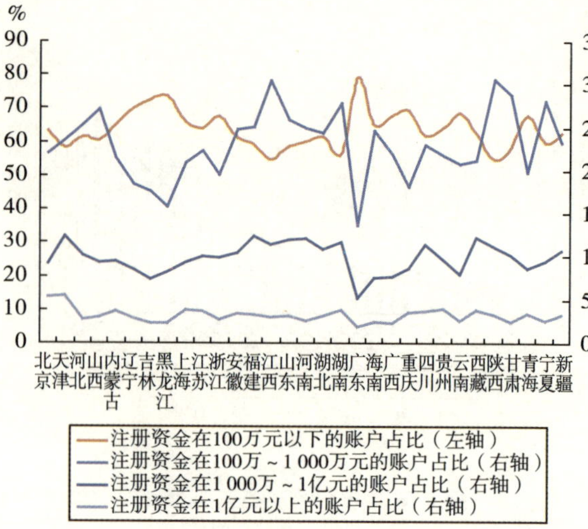

图 26　各地区不同注册资金规模账户情况

附录二

支付业务报表

一、非现金支付工具类报表

全国非现金支付工具结构情况季报表

2016 年第四季度　　　　　　　　　　单位：万笔、亿元

业务类别	项目	笔数	金额
票据	银行汇票	23.75	1 717.53
	其中：现金银行汇票	0.11	9.23
	转账银行汇票	23.64	1 708.30
	商业汇票	391.05	45 087.27
	其中：商业承兑汇票	12.54	3 909.44
	银行承兑汇票	378.51	41 177.83
	银行本票	46.22	4 129.62
	其中：现金本票	0.02	0.22
	转账本票	46.20	4 129.40
	支票	7 390.87	453 801.57
	其中：现金支票	2 369.48	15 363.63
	转账支票	5 021.39	438 437.94
	其中：单位支票	7 357.19	453 304.33
	个人支票	33.68	497.23
	合计	7 851.89	504 735.98
银行卡	存现	279 744.75	202 541.46
	取现	453 652.75	161 140.34
	其中：ATM 取现	395 298.46	65 280.48
	消费	1 180 798.18	151 136.93
	转账	1 577 817.58	1 438 128.69
	合计	3 492 013.27	1 952 947.41
其他结算方式	贷记转账	223 997.81	6 980 065.68
	直接借记	37 250.81	108 298.26
	托收承付	5.81	1 690.57
	国内信用证	1.98	4 930.52
	合计	261 256.41	7 094 985.03

政策性银行非现金支付工具结构情况季报表

2016 年第四季度　　　　单位：万笔、亿元

业务类别	项目	笔数	金额
票据	银行汇票	0.01	5.99
	其中：现金银行汇票	0.00	0.00
	转账银行汇票	0.01	5.99
	商业汇票	0.27	98.10
	其中：商业承兑汇票	0.00	0.00
	银行承兑汇票	0.27	98.10
	银行本票	0.00	1.24
	其中：现金本票	0.00	0.00
	转账本票	0.00	1.24
	支票	28.53	14 727.96
	其中：现金支票	8.28	97.72
	转账支票	20.24	14 630.23
	其中：单位支票	28.53	14 727.96
	个人支票	0.00	0.00
	合计	28.81	14 833.29
银行卡	存现	0.00	0.00
	取现	0.00	0.00
	其中：ATM 取现	0.00	0.00
	消费	0.00	0.00
	转账	0.00	0.00
	合计	0.00	0.00
其他结算方式	贷记转账	120.38	91 076.65
	直接借记	2.20	35 933.49
	托收承付	0.00	0.00
	国内信用证	0.02	124.43
	合计	122.61	127 134.57

国有商业银行非现金支付工具结构情况季报表

2016 年第四季度　　　　单位：万笔、亿元

业务类别	项目	笔数	金额
票据	银行汇票	19.81	1 219.10
	其中：现金银行汇票	0.00	0.01
	转账银行汇票	19.81	1 219.10
	商业汇票	102.70	13 082.26
	其中：商业承兑汇票	2.95	427.93
	银行承兑汇票	99.76	12 654.32
	银行本票	27.01	2 070.96
	其中：现金本票	0.01	0.09
	转账本票	27.00	2 070.88
	支票	3 958.65	211 194.93
	其中：现金支票	1 189.51	7 480.34
	转账支票	2 769.14	203 714.59
	其中：单位支票	3 947.00	211 084.06
	个人支票	11.65	110.88
	合计	4 108.17	227 567.26
银行卡	存现	187 713.17	128 600.55
	取现	260 056.44	88 418.97
	其中：ATM 取现	237 504.16	41 779.70
	消费	856 331.51	90 016.14
	转账	1 264 851.96	972 102.84
	合计	2 568 953.09	1 279 138.50
其他结算方式	贷记转账	119 902.01	3 454 434.59
	直接借记	11 438.97	17 353.91
	托收承付	3.86	1 179.33
	国内信用证	0.93	1 191.87
	合计	131 345.77	3 474 159.70

股份制商业银行非现金支付工具结构情况季报表

2016 年第四季度　　　　单位：万笔、亿元

业务类别	项目	笔数	金额
票据	银行汇票	0.81	169.06
	其中：现金银行汇票	0.00	0.00
	转账银行汇票	0.81	169.06
	商业汇票	131.03	17 059.75
	其中：商业承兑汇票	6.86	2 454.98
	银行承兑汇票	124.16	14 604.77
	银行本票	5.08	823.90
	其中：现金本票	0.01	0.08
	转账本票	5.07	823.82
	支票	492.78	86 558.15
	其中：现金支票	142.93	725.00
	转账支票	349.86	85 833.15
	其中：单位支票	487.28	86 487.92
	个人支票	5.50	70.23
	合计	629.70	104 610.85
银行卡	存现	20 260.82	15 307.35
	取现	31 768.47	12 123.70
	其中：ATM 取现	28 400.56	4 601.32
	消费	274 540.44	44 515.60
	转账	154 268.65	225 547.50
	合计	480 838.37	297 494.14
其他结算方式	贷记转账	44 864.06	2 260 437.91
	直接借记	3 188.66	21 541.73
	托收承付	1.61	483.73
	国内信用证	0.83	3 001.04
	合计	48 055.16	2 285 464.41

2016年

金融机构类别	银行卡数量								
	新发卡数量				在用发卡数量				
	借记卡	信用卡	借贷合一卡	小计	借记卡	信用卡	借贷合一卡	小计	睡眠卡
政策性银行									
国有商业银行	8 898.98	1 357.37	192.65	10 449.00	297 255.57	22 562.68	4 318.16	324 136.41	149 325.83
股份制商业银行	2 710.93	1 865.73	0.00	4 576.66	46 195.93	16 519.56	143.61	62 859.10	23 133.84
城市商业银行	1 585.87	115.39	0.00	1 701.25	34 659.93	1 101.56	0.00	35 761.49	12 627.10
农村商业银行	2 170.07	61.87	0.00	2 231.94	54 157.68	478.11	0.00	54 635.79	17 051.48
农村合作银行	160.72	4.15	0.00	164.86	3 047.06	31.10	0.00	3 078.16	521.54
农村信用社	2 398.24	20.82	0.00	2 419.07	44 692.82	118.79	0.00	44 811.61	8 477.26
外资银行	10.38	7.39	0.00	17.77	256.38	81.26	0.00	337.64	138.80
村镇银行	313.53	0.02	0.00	313.56	1 303.86	0.08	0.00	1 303.94	95.32
中国邮政储蓄银行	2 305.68	93.00	0.00	2 398.68	84 391.08	1 148.58	0.00	85 539.66	20 062.65
合计	20 554.40	3 525.73	192.65	24 272.79	565 960.31	42 041.72	4 461.77	612 463.80	231 433.82

情况季报表

第四季度　　　　　　　　　　　　　　　　　　　　　　　　　　单位：万张、万笔、亿元、万台

资金交易情况										ATM数量
存现		取现		消费		转账		小计		
笔数	金额	笔数	金额	笔数	金额	笔数	金额	笔数	金额	
187 713. 17	128 600. 55	260 056. 44	88 418. 97	856 331. 51	90 016. 14	1 264 851. 96	972 102. 84	2 568 953. 09	1 279 138. 50	49. 19
20 260. 82	15 307. 35	31 768. 47	12 123. 70	274 540. 44	44 515. 60	154 268. 65	225 547. 50	480 838. 37	297 494. 14	8. 27
9 115. 84	11 107. 24	24 595. 82	9 617. 58	18 880. 82	5 480. 82	36 932. 93	62 710. 48	89 525. 41	88 916. 12	5. 47
18 851. 27	16 556. 92	42 419. 91	17 350. 11	15 900. 00	6 283. 91	73 683. 41	100 960. 00	150 854. 59	141 150. 93	9. 47
1 485. 32	1 264. 48	3 016. 91	1 230. 24	508. 54	222. 55	5 085. 90	5 454. 47	10 096. 67	8 171. 73	0. 68
20 900. 12	14 875. 30	43 170. 92	15 995. 15	9 673. 53	3 159. 44	38 480. 90	56 568. 45	112 225. 46	90 598. 34	7. 62
37. 59	34. 95	194. 81	49. 98	679. 85	106. 90	120. 66	355. 92	1 032. 92	547. 75	0. 09
756. 55	1 175. 37	1 736. 94	1 115. 77	271. 01	197. 22	1 636. 01	5 058. 90	4 400. 51	7 547. 26	0. 56
20 624. 08	13 619. 30	46 692. 54	15 238. 84	4 012. 48	1 154. 36	2 757. 16	9 370. 13	74 086. 26	39 382. 63	11. 07
279 744. 75	202 541. 46	453 652. 75	161 140. 34	1 180 798. 18	151 136. 93	1 577 817. 58	1 438 128. 69	3 492 013. 27	1 952 947. 41	92. 42

二、支付系统类报表

大额实时支付系统地区间

2016 年

资金流入 / 资金流出	北京市		天津市	
	笔数	金额	笔数	金额
北京市	685.53	1 493 538.35	27.83	33 573.81
天津市	25.58	33 302.45	200.40	41 635.20
河北省	51.84	36 900.15	20.61	2 536.55
山西省	14.60	12 247.85	2.64	551.91
内蒙古自治区	15.28	20 910.43	2.47	566.48
辽宁省	26.08	42 379.19	6.92	2 308.48
吉林省	8.90	26 361.02	1.70	349.35
黑龙江省	12.38	15 743.39	2.06	550.32
上海市	117.32	502 185.97	15.68	8 347.91
江苏省	43.53	81 280.28	8.73	1 524.11
浙江省	48.84	105 608.57	6.85	3 183.95
安徽省	17.02	22 395.76	2.82	317.40
福建省	20.97	83 713.38	2.87	1 710.49
江西省	10.44	15 607.29	1.05	201.24
山东省	41.85	55 956.70	11.91	3 646.64
河南省	26.00	30 986.33	3.40	564.50
湖北省	17.86	12 925.66	2.15	564.04
湖南省	14.36	18 793.90	1.30	159.12
广东省	45.69	130 540.74	7.94	3 124.05
广西壮族自治区	8.04	9 392.64	0.73	194.23
海南省	3.84	4 888.07	0.48	294.87
重庆市	9.06	24 745.23	1.14	724.18
四川省	28.11	53 314.07	2.14	1 129.01
贵州省	8.30	13 550.62	0.71	279.81
云南省	7.86	8 186.02	0.84	205.21
西藏自治区	0.99	518.60	0.09	44.57
陕西省	13.78	11 000.05	1.84	880.28
甘肃省	5.70	8 099.84	0.73	152.31
青海省	1.93	1 247.37	0.18	20.04
宁夏回族自治区	2.92	4 620.67	0.49	218.54
新疆维吾尔自治区	6.88	10 353.54	0.94	284.22
深圳市	117.87	159 968.47	9.59	4 904.51
合计	1 459.37	3 051 262.64	349.24	114 747.34

资金流量流向情况季报表

第四季度 单位：万笔、亿元

河北省		山西省		内蒙古自治区	
笔数	金额	笔数	金额	笔数	金额
59.37	36 704.26	14.64	13 353.39	15.76	20 950.24
16.60	2 258.90	1.78	502.48	1.90	516.28
625.13	69 198.17	6.40	1 259.53	4.92	822.70
8.17	1 099.95	314.67	34 629.06	2.25	815.37
6.59	836.28	2.27	826.72	246.27	33 789.63
9.94	1 778.49	1.34	504.52	3.99	721.56
3.35	1 611.28	0.64	199.31	1.50	231.90
3.60	432.15	0.50	148.02	2.05	329.59
22.99	8 946.22	11.54	4 610.09	6.52	11 456.44
16.02	1 977.40	5.30	1 271.82	3.27	1 351.89
14.08	2 354.46	4.22	1 387.34	3.26	1 627.39
7.78	560.36	1.99	186.62	2.27	170.17
5.05	2 477.13	1.58	1 058.94	3.95	476.20
2.62	1 318.34	0.78	195.87	0.79	190.78
27.70	3 198.29	5.93	1 050.76	4.32	1 696.45
10.74	1 304.80	6.12	502.27	2.04	535.16
4.49	586.77	1.29	143.49	1.05	181.57
2.95	298.50	0.94	204.36	0.74	121.58
13.35	3 453.48	4.32	1 710.42	5.33	1 092.02
1.47	254.89	0.38	154.27	0.36	75.07
0.66	186.89	0.27	81.67	0.14	48.34
2.51	893.40	0.93	350.95	0.61	309.85
4.19	1 158.51	1.92	444.19	1.61	1 280.44
1.78	780.99	0.55	247.76	0.34	181.07
1.51	131.65	0.40	111.54	0.27	96.04
0.20	68.10	0.08	9.26	0.05	27.59
3.70	1 219.56	3.15	494.74	2.54	358.71
1.73	238.13	0.54	98.27	0.98	154.60
0.51	56.34	0.17	26.81	0.17	87.15
1.06	93.20	0.37	38.49	1.82	197.16
2.23	579.59	0.60	245.39	0.54	200.24
8.11	2 143.21	3.37	1 337.73	2.74	1 774.92
890.21	148 199.71	399.00	67 386.07	324.36	81 868.10

2016 年

资金流入 资金流出	辽宁省		吉林省	
	笔数	金额	笔数	金额
北京市	25. 63	42 429. 75	10. 35	26 841. 26
天津市	4. 19	1 854. 78	1. 62	385. 48
河北省	7. 29	1 726. 39	2. 53	1 418. 39
山西省	1. 80	502. 89	0. 84	236. 32
内蒙古自治区	4. 81	674. 45	2. 02	310. 04
辽宁省	402. 08	72 080. 13	7. 81	1 227. 77
吉林省	10. 11	1 336. 96	191. 47	58 155. 20
黑龙江省	8. 37	1 360. 22	5. 08	449. 75
上海市	21. 87	14 180. 87	6. 77	7 418. 54
江苏省	9. 48	3 246. 21	3. 46	871. 02
浙江省	9. 80	4 586. 02	4. 07	1 668. 79
安徽省	3. 09	512. 94	1. 75	189. 69
福建省	3. 31	3 822. 64	1. 94	596. 93
江西省	1. 49	437. 24	0. 87	375. 89
山东省	10. 35	2 875. 90	3. 99	649. 01
河南省	2. 95	971. 79	1. 68	383. 58
湖北省	2. 12	597. 46	1. 38	270. 15
湖南省	1. 49	463. 07	0. 90	601. 70
广东省	13. 59	3 105. 27	5. 10	1 088. 45
广西壮族自治区	1. 02	350. 55	0. 73	88. 86
海南省	0. 74	423. 44	0. 32	124. 48
重庆市	1. 12	721. 32	0. 72	201. 23
四川省	2. 52	1 200. 37	1. 98	488. 58
贵州省	0. 84	263. 62	0. 65	324. 21
云南省	0. 82	103. 08	0. 62	69. 17
西藏自治区	0. 10	21. 44	0. 06	6. 85
陕西省	1. 56	878. 73	0. 86	339. 64
甘肃省	0. 67	224. 05	0. 37	43. 84
青海省	0. 21	154. 56	0. 15	108. 78
宁夏回族自治区	0. 37	281. 33	0. 12	23. 95
新疆维吾尔自治区	0. 82	320. 10	0. 35	178. 28
深圳市	9. 31	5 662. 56	3. 81	1 132. 06
合计	563. 95	167 370. 13	264. 36	106 267. 87

第四季度

单位：万笔、亿元

黑龙江省		上海市		江苏省	
笔数	金额	笔数	金额	笔数	金额
16.12	16 042.29	84.27	485 205.54	54.88	81 718.69
1.38	479.62	13.70	8 614.84	8.76	1 729.72
2.45	435.36	13.43	8 678.05	12.67	1 976.73
0.71	156.48	6.31	5 648.28	4.82	1 116.95
3.11	317.80	5.77	12 087.00	3.50	1 207.46
7.66	1 486.32	16.42	15 662.29	10.58	3 115.63
5.47	377.87	5.45	8 059.24	4.12	843.99
242.39	26 243.37	6.01	3 454.91	4.08	870.53
7.97	4 343.71	592.97	584 331.36	147.28	40 988.58
3.24	862.65	156.90	43 096.39	1 478.84	186 380.58
5.23	1 986.02	130.13	49 150.01	97.34	13 545.82
1.68	1 306.09	30.39	9 685.85	45.23	2 673.04
1.65	614.30	26.42	80 212.95	17.00	6 828.37
0.72	208.87	11.74	5 198.63	10.04	1 374.63
3.96	647.78	37.48	26 587.90	44.23	4 106.76
1.19	402.99	16.29	10 874.86	14.79	1 203.49
0.91	5 056.47	18.46	10 039.59	13.94	1 873.67
0.61	102.69	10.99	11 485.52	7.75	1 523.22
5.90	1 485.58	58.52	72 952.10	53.72	11 312.87
0.43	96.98	5.77	2 009.41	4.05	481.01
0.48	91.04	2.79	1 433.65	1.53	948.43
0.61	376.23	9.92	7 595.46	6.52	1 864.33
1.17	601.14	17.75	25 845.43	10.97	2 932.14
0.43	41.86	5.57	8 340.70	4.22	869.18
0.34	92.18	5.83	3 339.57	3.79	341.49
0.06	10.71	0.36	123.73	0.30	87.55
0.64	779.95	8.61	5 403.81	6.64	1 398.48
0.26	70.71	3.41	4 037.76	2.83	357.48
0.06	3.53	0.85	474.56	1.02	483.81
0.12	39.82	1.67	2 234.11	1.36	292.36
0.37	26.73	3.88	2 367.18	4.23	570.23
3.16	942.19	59.23	104 614.87	31.78	11 052.92
320.49	65 729.35	1 367.30	1 618 845.56	2 112.82	386 070.16

2016 年

资金流入 资金流出	浙江省		安徽省	
	笔数	金额	笔数	金额
北京市	50.50	105 583.40	19.30	23 152.56
天津市	6.78	3 244.46	1.57	407.91
河北省	10.87	2 206.84	3.20	395.11
山西省	3.99	1 263.40	1.56	188.96
内蒙古自治区	3.33	1 590.61	1.03	171.97
辽宁省	9.58	4 374.04	2.20	617.40
吉林省	3.68	1 639.85	1.13	234.88
黑龙江省	3.77	1 981.42	1.20	1 297.99
上海市	114.50	48 001.66	27.36	8 912.54
江苏省	93.26	13 595.48	32.93	2 510.77
浙江省	1 556.51	189 972.63	22.35	2 379.72
安徽省	29.60	2 399.18	630.39	68 547.38
福建省	25.37	7 422.28	4.94	738.07
江西省	18.57	1 933.35	5.16	742.47
山东省	29.38	6 213.99	8.46	1 531.44
河南省	12.46	2 529.43	6.05	540.15
湖北省	13.08	1 952.53	4.58	439.69
湖南省	9.20	1 595.28	3.01	414.50
广东省	50.41	11 409.11	12.52	2 555.60
广西壮族自治区	5.23	839.35	1.34	87.93
海南省	1.62	497.97	0.50	96.16
重庆市	6.56	2 105.99	1.73	775.05
四川省	11.30	2 607.50	2.96	715.47
贵州省	5.56	1 424.54	1.29	148.78
云南省	5.00	618.70	1.16	81.70
西藏自治区	0.27	44.50	0.16	23.96
陕西省	6.00	1 524.67	1.84	291.97
甘肃省	3.06	582.19	0.91	96.21
青海省	1.00	103.54	0.29	15.75
宁夏回族自治区	1.13	375.42	0.38	35.80
新疆维吾尔自治区	3.79	962.68	1.02	97.12
深圳市	37.83	13 221.32	6.79	2 003.09
合计	2 133.19	433 817.32	809.31	120 248.10

第四季度 单位：万笔、亿元

福建省		江西省		山东省	
笔数	金额	笔数	金额	笔数	金额
32. 99	83 096. 82	11. 76	16 219. 21	54. 13	57 892. 57
3. 00	1 622. 34	0. 77	255. 60	9. 39	3 828. 58
3. 56	1 878. 26	1. 69	1 000. 48	23. 02	3 165. 44
2. 09	1 152. 84	0. 77	172. 23	6. 63	1 035. 10
1. 19	467. 06	0. 80	193. 42	5. 00	1 603. 66
3. 35	3 845. 19	1. 49	458. 30	11. 60	2 769. 77
1. 33	441. 01	0. 84	357. 61	4. 29	604. 64
1. 28	566. 66	0. 87	224. 67	4. 92	900. 94
35. 21	61 482. 91	14. 90	5 183. 17	48. 10	26 299. 82
15. 14	6 685. 53	8. 01	1 460. 04	48. 55	4 020. 35
24. 20	6 971. 83	18. 50	1 799. 06	29. 68	6 658. 56
6. 42	823. 74	6. 61	407. 11	15. 46	1 636. 66
695. 01	81 024. 54	8. 14	858. 96	10. 50	5 870. 58
9. 43	827. 97	415. 29	30 814. 59	4. 96	446. 62
8. 90	4 930. 08	3. 46	443. 13	1 240. 77	142 603. 09
4. 79	2 802. 83	2. 24	833. 71	16. 12	2 708. 53
4. 69	684. 84	4. 43	1 624. 58	7. 08	808. 42
3. 88	799. 03	5. 15	774. 66	4. 74	486. 97
33. 85	10 430. 85	18. 89	4 011. 43	26. 59	5 427. 39
3. 76	463. 94	2. 13	212. 83	3. 28	407. 53
1. 23	136. 67	0. 64	98. 37	0. 92	211. 36
2. 82	1 331. 73	1. 89	629. 96	3. 81	1 049. 12
5. 10	2 516. 17	2. 66	2 978. 61	7. 51	2 198. 09
2. 81	491. 17	1. 61	302. 77	2. 43	512. 95
2. 52	426. 88	1. 44	103. 06	2. 46	323. 09
0. 13	25. 49	0. 14	19. 74	0. 23	37. 41
2. 30	1 132. 61	0. 98	1 354. 20	5. 23	2 109. 98
1. 17	154. 76	0. 56	45. 75	2. 63	248. 87
0. 38	39. 46	0. 27	40. 34	0. 72	110. 09
0. 43	77. 70	0. 27	117. 75	1. 34	218. 97
1. 21	881. 04	0. 78	71. 94	3. 20	433. 77
27. 86	10 981. 90	8. 69	1 597. 84	19. 23	7 921. 01
942. 01	289 393. 86	546. 68	74 665. 11	1 624. 52	284 549. 94

2016 年

资金流入 / 资金流出	河南省		湖北省	
	笔数	金额	笔数	金额
北京市	30.71	30 923.72	20.20	13 893.86
天津市	2.65	992.74	1.73	539.05
河北省	7.98	1 113.20	3.64	643.94
山西省	6.46	490.58	2.02	175.48
内蒙古自治区	2.23	555.53	1.19	175.21
辽宁省	3.08	1 020.90	2.64	649.88
吉林省	1.84	397.56	1.60	238.37
黑龙江省	1.65	1 007.87	1.52	5 097.26
上海市	26.80	11 712.59	23.64	10 357.81
江苏省	15.76	1 277.39	12.09	1 888.93
浙江省	13.65	2 586.79	12.57	1 752.78
安徽省	9.72	574.31	8.08	507.50
福建省	4.94	1 958.56	5.79	1 522.37
江西省	3.33	788.29	5.82	1 627.37
山东省	14.57	3 529.57	6.77	881.65
河南省	643.78	65 897.92	7.26	1 252.19
湖北省	8.21	1 013.66	450.24	59 609.54
湖南省	4.04	575.14	8.15	533.34
广东省	18.59	3 041.85	18.84	3 057.05
广西壮族自治区	1.87	256.65	2.39	151.84
海南省	0.70	88.66	0.77	110.11
重庆市	2.73	872.54	3.80	585.33
四川省	5.83	1 180.86	5.24	1 931.38
贵州省	1.86	342.86	2.81	284.39
云南省	1.91	130.37	2.02	167.43
西藏自治区	0.25	21.88	0.17	20.43
陕西省	4.97	1 527.07	2.94	984.77
甘肃省	1.51	102.40	1.20	97.56
青海省	0.66	184.55	0.53	109.09
宁夏回族自治区	0.71	119.80	0.49	107.44
新疆维吾尔自治区	2.14	241.76	1.29	213.56
深圳市	10.14	2 517.67	13.18	2 982.92
合计	855.27	137 045.23	630.61	112 149.83

第四季度 单位：万笔、亿元

湖南省		广东省		广西壮族自治区	
笔数	金额	笔数	金额	笔数	金额
17.54	20 078.86	52.89	130 357.04	11.09	9 742.65
1.00	197.41	6.15	2 824.19	0.59	170.00
1.91	504.88	8.81	3 326.51	1.06	208.17
0.97	253.22	4.41	1 698.47	0.74	108.24
0.61	73.54	2.96	1 414.87	0.35	68.90
1.33	409.76	8.78	3 134.72	0.91	310.04
0.77	610.72	3.99	1 007.37	0.51	150.32
0.67	85.07	4.26	1 158.70	0.46	167.69
14.31	8 064.81	66.52	71 162.73	9.46	1 690.35
6.53	1 489.25	35.61	10 957.08	3.00	450.18
8.50	1 558.00	41.81	10 681.63	5.02	842.60
3.99	426.33	15.41	2 481.21	2.24	86.19
3.73	810.66	29.21	8 961.32	3.52	438.83
5.74	754.97	20.20	4 035.82	2.00	193.26
3.94	519.37	19.65	5 472.82	2.37	410.93
2.69	523.39	12.12	2 519.74	1.35	279.41
5.86	605.97	15.64	2 772.08	1.81	125.94
468.09	49 919.40	19.94	2 336.76	3.14	165.59
19.27	3 343.11	1 644.52	214 183.25	19.38	1 492.55
3.38	169.51	19.83	1 205.41	273.91	27 500.58
0.74	93.48	6.29	2 011.42	0.81	59.87
2.31	849.82	7.62	2 832.74	1.48	476.11
3.50	1 136.97	13.60	4 795.51	2.26	425.41
4.02	491.66	7.12	1 820.95	2.35	174.37
1.87	282.49	7.40	781.33	1.91	162.52
0.17	17.64	0.39	93.82	0.04	4.51
1.31	1 711.38	5.51	2 817.84	0.70	66.22
0.63	153.27	3.14	615.45	0.37	61.67
0.25	20.63	0.73	87.18	0.08	4.58
0.23	16.85	1.18	184.46	0.14	19.56
0.80	160.96	3.05	1 081.71	0.29	53.70
11.35	1 735.31	169.64	30 286.64	7.56	1 727.15
598.00	97 068.70	2 258.34	529 100.78	360.90	47 838.06

2016 年

资金流入 资金流出	海南省		重庆市	
	笔数	金额	笔数	金额
北京市	5.26	6 339.84	11.77	25 871.43
天津市	0.90	681.63	1.06	690.14
河北省	0.95	110.95	1.82	904.25
山西省	0.37	78.73	1.02	271.59
内蒙古自治区	0.23	59.20	0.70	484.28
辽宁省	0.67	222.11	1.15	728.41
吉林省	0.37	140.01	0.61	149.11
黑龙江省	0.55	77.13	0.60	381.65
上海市	3.36	1 957.57	10.24	7 168.97
江苏省	1.60	961.07	5.22	1 687.22
浙江省	1.68	452.73	5.39	1 868.94
安徽省	1.16	52.40	2.64	696.15
福建省	1.10	185.78	4.30	1 385.99
江西省	0.75	89.79	2.01	626.01
山东省	1.18	292.91	3.48	1 152.00
河南省	1.00	79.11	2.44	941.20
湖北省	0.72	152.23	3.82	595.98
湖南省	0.79	205.82	2.23	608.15
广东省	4.99	2 032.00	7.48	2 971.48
广西壮族自治区	0.69	39.59	1.51	414.35
海南省	74.87	16 074.27	0.46	176.10
重庆市	0.48	142.96	235.80	42 204.66
四川省	0.79	136.45	18.08	5 141.08
贵州省	0.36	51.15	6.52	588.64
云南省	0.38	81.24	2.64	332.30
西藏自治区	0.05	7.54	0.38	53.77
陕西省	0.35	186.30	1.76	1 458.50
甘肃省	0.20	28.84	0.85	156.79
青海省	0.04	1.41	0.31	83.02
宁夏回族自治区	0.05	7.35	0.35	87.90
新疆维吾尔自治区	0.18	17.33	0.99	592.43
深圳市	4.10	2 030.97	8.29	2 928.77
合计	110.17	32 976.39	345.94	103 401.24

第四季度 单位：万笔、亿元

四川省		贵州省		云南省	
笔数	金额	笔数	金额	笔数	金额
42. 75	55 407. 68	7. 02	14 168. 99	9. 34	9 084. 41
1. 78	1 187. 51	0. 41	226. 72	0. 74	180. 75
2. 88	1 413. 41	0. 76	347. 00	1. 11	150. 23
1. 64	392. 53	0. 86	368. 19	0. 67	100. 98
1. 52	1 339. 86	0. 23	180. 00	0. 24	82. 80
2. 05	1 124. 54	0. 51	266. 63	0. 75	146. 74
1. 61	448. 21	0. 26	313. 88	0. 42	59. 07
1. 10	555. 88	0. 26	88. 29	0. 32	87. 18
22. 76	26 174. 17	5. 90	7 694. 64	8. 15	5 282. 97
8. 50	2 843. 53	2. 36	878. 94	2. 40	364. 32
14. 13	3 203. 72	4. 25	1 447. 66	4. 10	521. 28
4. 37	1 145. 49	1. 78	178. 55	1. 58	106. 59
5. 79	2 089. 11	3. 35	508. 17	3. 29	332. 22
2. 36	2 320. 41	1. 06	368. 54	1. 29	129. 39
5. 11	2 386. 79	1. 27	563. 13	1. 68	353. 13
3. 66	1 232. 22	0. 85	409. 73	1. 06	149. 80
6. 10	2 331. 31	1. 23	233. 33	1. 80	228. 13
3. 08	1 050. 79	2. 25	508. 86	1. 65	256. 10
14. 32	5 326. 95	5. 49	1 922. 98	7. 44	951. 26
2. 02	415. 49	1. 54	182. 99	1. 65	216. 22
0. 67	145. 52	0. 22	29. 13	0. 27	110. 91
18. 65	4 973. 11	4. 02	885. 83	2. 30	255. 01
582. 38	80 215. 59	3. 67	739. 43	5. 13	558. 52
6. 92	885. 11	252. 51	23 723. 08	3. 60	218. 07
6. 51	577. 89	2. 30	203. 41	261. 62	35 176. 53
2. 31	253. 67	0. 08	13. 59	0. 13	10. 77
3. 99	1 776. 52	0. 69	360. 29	0. 73	90. 23
2. 18	214. 63	0. 23	17. 69	0. 32	42. 30
0. 98	140. 65	0. 06	27. 70	0. 10	12. 91
0. 60	139. 42	0. 07	24. 19	0. 08	7. 62
2. 40	759. 23	0. 22	162. 44	0. 27	68. 04
13. 59	2 842. 30	4. 60	1 686. 36	7. 28	1 020. 58
788. 73	205 313. 22	310. 28	58 730. 37	331. 50	56 355. 06

2016 年

资金流出 \ 资金流入	西藏自治区		陕西省	
	笔数	金额	笔数	金额
北京市	1.45	913.76	14.59	12 009.81
天津市	0.10	42.31	1.33	385.23
河北省	0.19	68.85	2.93	1 304.21
山西省	0.12	22.81	4.13	529.09
内蒙古自治区	0.05	5.35	2.81	251.57
辽宁省	0.13	12.57	1.49	753.73
吉林省	0.07	4.95	0.77	369.59
黑龙江省	0.07	11.19	0.71	499.55
上海市	0.37	111.26	9.98	4 833.46
江苏省	0.29	106.88	5.64	1 264.40
浙江省	0.31	60.28	5.29	1 425.89
安徽省	0.17	33.72	3.21	278.64
福建省	0.13	45.82	3.07	724.93
江西省	0.12	12.37	1.19	1 312.32
山东省	0.23	34.74	4.39	2 105.68
河南省	0.26	26.78	4.88	2 643.68
湖北省	0.19	13.87	2.58	1 217.80
湖南省	0.15	26.75	1.36	1 596.56
广东省	0.46	61.11	5.89	2 533.44
广西壮族自治区	0.06	5.25	0.68	94.99
海南省	0.05	11.95	0.30	100.91
重庆市	0.30	51.03	1.85	1 475.68
四川省	1.56	256.69	4.45	1 823.46
贵州省	0.13	16.57	1.10	360.78
云南省	0.17	20.98	0.90	112.02
西藏自治区	13.15	2 897.05	0.28	59.64
陕西省	0.27	30.95	306.56	38 283.43
甘肃省	0.30	14.04	5.77	299.45
青海省	0.22	58.02	1.13	164.61
宁夏回族自治区	0.02	2.46	2.54	290.99
新疆维吾尔自治区	0.08	24.64	1.89	735.22
深圳市	0.23	108.88	6.53	1 335.60
合计	21.42	5 113.87	410.19	81 176.35

资金流量流向情况季报表

第四季度　　　　单位：万笔、亿元

甘肃省		青海省		宁夏回族自治区	
笔数	金额	笔数	金额	笔数	金额
7. 81	8 965. 33	2. 05	1 504. 31	3. 82	4 782. 72
0. 43	120. 05	0. 12	13. 97	0. 34	286. 99
0. 89	110. 81	0. 26	114. 75	0. 75	125. 51
0. 53	119. 65	0. 21	47. 94	0. 45	37. 42
0. 74	110. 48	0. 13	85. 33	2. 08	184. 31
0. 41	220. 79	0. 12	130. 64	0. 35	347. 86
0. 27	53. 27	0. 07	98. 17	0. 11	20. 56
0. 22	70. 28	0. 04	3. 75	0. 11	19. 69
4. 09	3 875. 59	0. 92	448. 56	1. 71	2 080. 13
1. 99	412. 82	1. 35	462. 21	1. 21	331. 65
2. 21	691. 34	0. 81	144. 03	1. 24	399. 66
1. 52	103. 82	0. 26	104. 35	0. 59	57. 88
0. 83	146. 74	0. 27	41. 52	0. 45	87. 97
0. 49	39. 19	0. 22	35. 53	0. 30	121. 33
1. 44	252. 89	0. 45	153. 23	1. 08	209. 28
1. 23	127. 38	0. 49	190. 36	0. 66	98. 35
0. 77	91. 75	0. 45	69. 69	0. 37	80. 46
0. 45	115. 48	0. 18	25. 26	0. 22	32. 44
3. 27	587. 49	0. 95	137. 96	1. 25	172. 63
0. 29	87. 88	0. 05	1. 90	0. 11	33. 47
0. 10	5. 54	0. 04	3. 84	0. 04	9. 99
0. 65	178. 90	0. 20	60. 68	0. 38	132. 12
1. 92	171. 04	0. 73	157. 34	0. 73	169. 20
0. 24	15. 51	0. 07	7. 20	0. 12	37. 77
0. 25	31. 79	0. 09	19. 94	0. 13	7. 95
0. 36	20. 54	0. 33	27. 71	0. 02	3. 52
3. 65	322. 31	0. 67	76. 19	1. 95	271. 02
191. 77	24 250. 89	1. 49	262. 21	1. 79	180. 24
2. 41	297. 74	41. 93	4 756. 62	0. 19	51. 28
1. 67	203. 20	0. 23	54. 19	80. 77	6 301. 48
1. 50	135. 92	0. 19	49. 21	0. 32	44. 99
2. 10	301. 08	0. 40	166. 82	0. 88	237. 93
236. 50	42 237. 49	55. 76	9 455. 42	104. 53	16 977. 81

2016 年

资金流入 / 资金流出	新疆维吾尔自治区	
	笔数	金额
北京市	8.89	11 358.45
天津市	0.55	283.93
河北省	1.36	525.47
山西省	0.53	220.49
内蒙古自治区	0.35	147.96
辽宁省	0.50	278.54
吉林省	0.19	148.86
黑龙江省	0.24	22.79
上海市	4.15	1 963.32
江苏省	3.61	520.85
浙江省	3.01	825.29
安徽省	1.64	100.34
福建省	1.78	919.27
江西省	0.72	97.44
山东省	2.30	472.87
河南省	1.78	280.04
湖北省	1.00	186.04
湖南省	0.59	147.33
广东省	3.07	1 173.74
广西壮族自治区	0.20	61.98
海南省	0.11	21.02
重庆市	0.78	617.54
四川省	1.83	784.80
贵州省	0.19	159.95
云南省	0.21	51.96
西藏自治区	0.10	13.80
陕西省	1.25	688.92
甘肃省	1.41	100.90
青海省	0.20	44.46
宁夏回族自治区	0.29	47.84
新疆维吾尔自治区	192.37	22 084.69
深圳市	1.95	486.93
合计	237.15	44 837.78

资金流量流向情况季报表

第四季度　　　　　　　　　　　　　　　　　　　　单位：万笔、亿元

深圳市		合计	
笔数	金额	笔数	金额
44.55	165 994.23	1 454.77	3 057 699.23
5.13	3 319.71	322.41	112 780.96
5.35	1 423.60	832.24	145 993.89
2.70	686.27	399.68	66 419.25
1.99	1 479.30	321.87	82 251.52
6.76	4 866.86	552.69	167 953.80
2.47	777.79	259.92	105 791.92
3.26	936.33	314.61	64 824.21
48.28	97 754.57	1 451.63	1 599 023.29
25.78	9 727.58	2 059.60	385 758.81
25.96	10 222.85	2 124.99	431 565.65
7.94	1 570.74	868.79	120 316.22
16.17	9 617.57	916.45	307 202.59
9.82	1 709.82	551.37	74 135.64
13.46	7 036.82	1 566.06	281 965.74
7.70	1 931.70	820.06	135 727.42
10.82	2 479.27	609.14	109 555.98
9.75	1 475.01	594.06	97 402.88
138.33	28 571.98	2 269.28	535 260.19
7.38	1 777.14	356.29	47 724.71
2.69	767.92	105.26	29 382.04
6.25	2 322.40	339.57	102 810.51
10.26	2 328.74	763.87	201 362.17
4.62	817.55	331.66	57 755.63
4.04	504.39	329.21	52 873.96
0.23	76.10	21.65	4 665.45
5.03	975.87	401.97	80 795.21
2.01	300.82	240.73	41 503.94
0.53	231.96	58.27	9 248.54
0.73	191.58	103.99	16 671.59
1.92	294.27	240.74	44 292.14
581.24	160 795.35	1 192.42	542 449.88
1 013.17	522 966.09	22 775.26	9 113 164.95

2016 年

资金流入 资金流出	政策性银行		国有商业银行		股份制商业银行	
	笔数	金额	笔数	金额	笔数	金额
政策性银行	0. 64	3 770. 50	40. 72	34 820. 49	4. 12	70 597. 99
国有商业银行	20. 33	35 409. 18	6 620. 79	687 770. 13	2 427. 16	585 163. 70
股份制商业银行	3. 23	72 899. 55	2 263. 17	583 447. 36	807. 12	606 386. 38
城市商业银行	4. 21	134 926. 38	1 420. 09	203 151. 79	353. 98	235 028. 90
农村商业银行	2. 20	32 617. 67	871. 51	58 592. 00	133. 62	65 591. 36
农村合作银行	0. 00	0. 39	2. 01	126. 42	0. 68	121. 78
农村信用社	3. 73	1 925. 83	1 065. 36	53 256. 93	161. 44	70 211. 53
村镇银行	0. 29	116. 17	102. 89	4 605. 84	18. 73	4 151. 71
外资银行	0. 54	12 338. 08	152. 28	53 597. 41	51. 99	34 940. 30
中国邮政储蓄银行	0. 73	11 295. 91	157. 76	31 807. 42	26. 64	71 283. 87
其他	2. 74	89 426. 80	227. 23	617 235. 99	30. 68	397 788. 39
合计	3. 86	394 726. 46	12 923. 81	2 328 411. 77	4 016. 15	2 141 265. 89

资金流量流向情况季报表

第四季度 单位：万笔、亿元

城市商业银行		农村商业银行		农村合作银行	
笔数	金额	笔数	金额	笔数	金额
6. 74	134 675. 24	5. 81	32 906. 86	0. 00	0. 20
1 275. 87	217 619. 10	802. 44	64 772. 41	1. 43	104. 79
323. 49	238 569. 88	131. 00	66 795. 73	0. 54	146. 38
144. 79	255 212. 24	102. 14	58 266. 32	0. 32	56. 31
94. 38	57 900. 75	32. 18	20 481. 98	0. 05	10. 45
0. 29	52. 17	0. 03	5. 62	0. 01	0. 43
135. 61	19 313. 66	12. 75	7 027. 22	0. 07	5. 20
11. 94	1 520. 20	9. 81	1 094. 05	0. 01	0. 20
14. 26	11 941. 50	9. 49	1 233. 18	0. 01	0. 09
15. 60	31 631. 54	11. 60	7 457. 48	0. 04	10. 50
41. 67	333 957. 64	21. 52	133 493. 79	0. 06	39. 79
2 064. 62	1 302 393. 93	1 138. 77	393 534. 63	2. 52	374. 34

2016 年

资金流入 / 资金流出	农村信用社		村镇银行		外资银行	
	笔数	金额	笔数	金额	笔数	金额
政策性银行	10.62	3 294.14	0.72	253.48	0.48	12 784.42
国有商业银行	1 055.06	58 328.92	79.55	4 948.39	112.13	56 571.68
股份制商业银行	131.47	68 416.44	17.17	3 777.99	36.00	35 840.11
城市商业银行	146.67	17 893.68	11.62	1 405.50	15.84	11 955.69
农村商业银行	22.93	5 738.53	9.51	671.24	6.72	907.48
农村合作银行	0.03	5.51	0.00	0.15	0.01	0.36
农村信用社	16.71	3 274.69	12.85	942.89	3.35	339.28
村镇银行	16.82	1 023.01	1.12	701.39	0.31	21.89
外资银行	3.47	336.00	0.18	27.82	16.77	37 208.59
中国邮政储蓄银行	25.94	2 396.79	1.58	141.89	0.60	2 193.39
其他	56.38	106 061.39	1.27	607.49	2.84	26 628.54
合计	1 486.11	266 769.08	135.59	13 478.22	195.05	184 451.45

资金流量流向情况季报表

第四季度 单位：万笔、亿元

中国邮政储蓄银行		其他		合计	
笔数	金额	笔数	金额	笔数	金额
5.02	9 741.50	2.96	93 337.22	77.84	396 182.06
367.63	33 026.33	81.46	635 210.45	12 843.85	2 378 925.07
51.24	69 509.99	24.78	393 139.99	3 789.21	2 138 929.79
39.05	31 845.12	30.84	339 484.54	2 269.53	1 289 226.47
41.08	7 615.94	11.60	144 531.49	1 225.79	394 658.89
0.09	6.96	0.01	54.14	3.16	373.93
64.11	2 111.16	17.44	96 386.87	1 493.43	254 795.25
6.19	150.02	1.14	1 089.94	169.23	14 474.41
1.33	2 265.99	3.10	31 039.55	253.40	184 928.51
0.09	32.87	6.88	51 924.37	247.45	210 176.03
10.74	52 878.46	7.22	92 376.26	402.36	1 850 494.54
586.57	209 184.36	187.42	1 878 574.82	22 775.26	9 113 164.95

2016 年

资金流入 / 资金流出	北京市					
	借记		贷记		小计	
	笔数	金额	笔数	金额	笔数	金额
北京市	38.70	607.22	1 595.47	2 329.05	1 634.17	2 936.27
天津市	1.05	11.09	47.37	57.87	48.42	68.96
河北省	0.78	8.26	133.82	175.85	134.60	184.11
山西省	0.00	0.06	68.68	92.72	68.68	92.77
内蒙古自治区	0.01	0.27	30.41	39.21	30.42	39.48
辽宁省	0.03	0.51	42.71	73.80	42.74	74.31
吉林省	0.00	0.02	14.61	20.00	14.61	20.02
黑龙江省	0.01	0.21	28.18	30.61	28.19	30.83
上海市	0.09	1.71	263.02	2 100.41	263.12	2 102.12
江苏省	0.05	1.10	67.77	85.53	67.83	86.63
浙江省	0.04	0.68	92.77	203.95	92.81	204.63
安徽省	0.00	0.12	24.55	26.28	24.55	26.40
福建省	0.01	0.13	74.47	73.79	74.48	73.92
江西省	0.00	0.02	20.23	22.96	20.23	22.97
山东省	0.07	1.37	76.51	116.51	76.58	117.87
河南省	0.01	0.18	163.41	155.86	163.42	156.04
湖北省	0.01	0.39	113.46	99.30	113.47	99.68
湖南省	0.00	0.06	28.74	34.19	28.74	34.26
广东省	0.11	1.67	110.72	164.54	110.83	166.21
广西壮族自治区	0.00	0.00	19.87	22.66	19.87	22.67
海南省	0.00	0.01	6.85	14.18	6.85	14.19
重庆市	0.01	0.13	36.79	24.51	36.80	24.64
四川省	0.00	0.08	52.18	47.31	52.19	47.39
贵州省	0.00	0.04	9.28	14.34	9.28	14.38
云南省	0.37	0.11	37.98	19.67	38.34	19.77
西藏自治区	0.00	0.00	1.83	2.90	1.83	2.90
陕西省	0.01	0.12	26.33	36.52	26.34	36.64
甘肃省	0.00	0.01	13.27	17.14	13.28	17.15
青海省	0.00	0.00	5.87	6.48	5.87	6.48
宁夏回族自治区	0.00	0.01	5.45	7.09	5.45	7.10
新疆维吾尔自治区	0.02	0.25	11.30	16.15	11.31	16.40
深圳市	169.91	19.14	248.71	160.76	418.62	179.90
合计	211.32	654.98	3 472.60	6 292.13	3 683.92	6 947.11

资金流量流向情况季报表

第四季度　　　　单位：万笔、亿元

天津市						河北省					
借记		贷记		小计		借记		贷记		小计	
笔数	金额	笔数	金额	笔数	金额	笔数	金额	笔数	金额	笔数	金额
12.35	33.32	47.45	52.36	59.80	85.67	6.90	102.60	137.25	159.95	144.15	262.55
49.18	258.00	454.85	589.01	504.03	847.01	1.57	10.14	40.46	42.35	42.03	52.50
14.74	12.81	41.07	57.92	55.81	70.73	20.38	43.74	2 423.72	2 721.25	2 444.10	2 764.99
44.49	5.92	5.10	7.10	49.59	13.02	0.01	0.07	15.99	25.30	16.00	25.37
8.44	4.77	5.27	6.69	13.71	11.46	0.00	0.01	16.11	19.65	16.12	19.65
41.34	9.52	7.41	9.16	48.75	18.68	0.03	0.13	15.16	20.50	15.20	20.63
13.60	3.84	2.86	3.68	16.46	7.52	0.00	0.01	4.10	5.80	4.11	5.81
15.65	6.06	3.05	4.03	18.70	10.09	0.01	0.01	6.90	8.20	6.90	8.22
10.06	6.10	97.43	390.51	107.49	396.60	0.09	0.26	127.24	114.86	127.33	115.13
110.39	17.12	15.75	13.95	126.13	31.07	0.47	0.33	26.63	27.97	27.10	28.30
110.69	14.15	14.78	15.18	125.47	29.33	0.06	0.06	37.39	40.68	37.46	40.74
18.09	3.26	4.91	4.25	23.01	7.51	0.30	0.12	30.40	20.76	30.69	20.89
81.66	6.62	12.30	10.20	93.96	16.82	0.08	0.05	33.63	26.27	33.71	26.33
7.15	4.61	2.36	2.23	9.51	6.85	0.14	0.05	5.02	6.04	5.16	6.08
18.56	26.84	18.61	23.26	37.16	50.10	0.10	0.29	52.57	71.48	52.67	71.77
35.24	9.04	7.28	8.58	42.52	17.62	0.02	0.02	19.56	31.23	19.58	31.24
105.60	11.61	5.46	4.03	111.06	15.64	0.03	0.02	9.37	9.79	9.40	9.81
107.04	7.04	2.99	3.35	110.03	10.39	0.30	0.22	7.69	9.88	7.99	10.10
193.55	14.69	18.12	16.84	211.67	31.53	0.82	0.74	53.65	46.72	54.47	47.46
41.57	3.36	3.24	1.83	44.81	5.19	0.05	0.02	5.35	4.96	5.40	4.98
1.57	0.36	0.71	0.76	2.28	1.12	0.09	0.02	1.29	1.67	1.38	1.70
11.03	2.46	2.43	2.11	13.45	4.56	0.06	0.05	4.52	5.00	4.58	5.05
243.53	21.50	5.42	3.85	248.95	25.34	0.11	0.08	8.26	9.61	8.37	9.68
12.33	2.40	1.94	1.28	14.27	3.68	0.04	0.01	3.01	4.34	3.04	4.34
63.68	5.87	2.66	1.75	66.34	7.61	0.04	0.02	3.07	4.16	3.10	4.18
0.22	0.05	0.18	0.29	0.40	0.34	0.00	0.00	0.84	1.27	0.84	1.27
21.39	3.43	3.69	5.66	25.08	9.09	0.00	0.01	8.77	15.42	8.77	15.43
2.26	1.40	2.32	2.04	4.58	3.44	0.00	0.00	4.86	6.76	4.86	6.76
3.50	0.40	0.58	0.60	4.08	1.00	0.00	0.00	1.60	1.73	1.60	1.73
3.93	0.56	0.87	1.07	4.80	1.63	0.00	0.00	2.41	3.43	2.41	3.44
2.24	2.02	1.62	2.04	3.87	4.06	0.02	0.11	4.46	6.54	4.49	6.66
42.86	5.49	20.85	13.14	63.71	18.63	0.18	0.22	39.08	23.03	39.26	23.25
1 447.94	504.61	813.55	1 258.73	2 261.49	1 763.34	31.91	159.41	3 150.35	3 496.60	3 182.26	3 656.02

2016 年

资金流入 / 资金流出	山西省					
	借记		贷记		小计	
	笔数	金额	笔数	金额	笔数	金额
北京市	33.71	22.57	39.33	35.02	73.04	57.59
天津市	0.02	0.20	22.27	10.11	22.29	10.30
河北省	2.34	0.21	20.50	20.30	22.84	20.51
山西省	91.77	99.80	1 287.99	1 082.97	1 379.76	1 182.77
内蒙古自治区	0.01	0.03	6.50	6.81	6.51	6.85
辽宁省	0.33	0.03	2.54	2.81	2.87	2.85
吉林省	0.00	0.00	0.93	1.03	0.93	1.03
黑龙江省	0.12	0.05	4.54	1.38	4.66	1.44
上海市	0.14	1.38	87.96	65.68	88.10	67.05
江苏省	0.45	0.09	12.31	8.09	12.76	8.17
浙江省	0.02	0.01	14.33	11.13	14.35	11.14
安徽省	0.00	0.00	8.01	4.88	8.01	4.88
福建省	7.08	0.54	24.45	10.78	31.53	11.33
江西省	0.00	0.00	1.36	1.72	1.36	1.72
山东省	1.35	0.24	11.96	13.62	13.31	13.86
河南省	0.16	0.07	11.68	16.17	11.84	16.24
湖北省	1.06	0.23	2.76	2.83	3.82	3.06
湖南省	1.99	0.26	3.00	3.03	4.99	3.29
广东省	2.44	0.38	13.74	10.21	16.19	10.59
广西壮族自治区	0.00	0.00	1.68	1.36	1.68	1.36
海南省	0.00	0.01	0.63	0.69	0.63	0.71
重庆市	0.00	0.00	2.13	1.95	2.13	1.95
四川省	0.02	0.01	4.17	4.52	4.20	4.54
贵州省	0.00	0.00	0.96	1.15	0.96	1.15
云南省	0.00	0.00	1.14	1.37	1.14	1.37
西藏自治区	0.00	0.00	0.25	0.27	0.25	0.27
陕西省	0.01	0.00	8.47	13.97	8.48	13.98
甘肃省	0.01	0.00	1.58	1.93	1.59	1.93
青海省	0.00	0.00	0.59	0.68	0.59	0.68
宁夏回族自治区	0.00	0.00	0.78	1.05	0.78	1.05
新疆维吾尔自治区	0.01	0.04	1.73	1.95	1.75	1.99
深圳市	0.37	0.70	23.73	12.49	24.10	13.18
合计	143.43	126.86	1 624.00	1 351.95	1 767.43	1 478.81

资金流量流向情况季报表

第四季度　　　　单位：万笔、亿元

内蒙古自治区						辽宁省					
借记		贷记		小计		借记		贷记		小计	
笔数	金额	笔数	金额	笔数	金额	笔数	金额	笔数	金额	笔数	金额
0.00	1.30	30.75	29.73	30.75	31.03	5.16	42.80	47.61	49.59	52.77	92.39
0.00	0.00	6.89	6.23	6.89	6.23	0.01	0.11	14.69	10.36	14.70	10.47
0.00	0.00	11.93	17.77	11.93	17.77	0.00	0.01	15.40	19.90	15.40	19.90
0.00	0.00	4.27	7.89	4.27	7.89	0.00	0.00	3.06	4.04	3.06	4.04
1.05	5.23	811.44	851.21	812.49	856.43	0.00	0.04	12.91	15.64	12.91	15.67
0.00	0.00	8.41	11.01	8.41	11.01	23.94	77.60	1 195.78	1 163.47	1 219.72	1 241.07
0.00	0.00	3.61	3.96	3.61	3.96	0.00	0.02	16.78	22.26	16.78	22.28
0.00	0.00	4.37	5.48	4.37	5.48	0.01	0.09	13.89	19.66	13.89	19.75
0.00	0.00	140.41	122.09	140.41	122.09	1.09	3.14	120.93	96.54	122.02	99.68
0.00	0.00	5.04	5.53	5.04	5.53	0.00	0.01	16.40	15.38	16.41	15.39
0.00	0.00	5.60	6.96	5.60	6.96	0.00	0.02	25.63	28.90	25.63	28.92
0.00	0.00	6.71	4.47	6.71	4.47	0.00	0.00	8.53	7.47	8.53	7.47
0.00	0.00	57.44	43.17	57.44	43.17	0.00	0.00	16.04	11.69	16.04	11.69
0.00	0.00	0.90	1.45	0.90	1.45	0.00	0.00	3.08	3.03	3.08	3.03
0.00	0.00	6.79	9.86	6.79	9.86	0.01	0.08	19.18	22.39	19.19	22.47
0.00	0.00	3.27	5.15	3.27	5.15	0.00	0.00	6.64	7.79	6.64	7.79
0.00	0.00	1.71	2.14	1.71	2.14	0.00	0.00	11.00	4.33	11.00	4.33
0.00	0.00	1.66	2.46	1.66	2.46	0.00	0.00	3.80	4.28	3.80	4.28
0.00	0.02	32.26	26.71	32.26	26.73	0.02	0.23	85.90	56.71	85.92	56.94
0.00	0.00	0.92	1.04	0.92	1.04	0.00	0.00	3.16	2.87	3.16	2.87
0.00	0.00	0.39	0.41	0.39	0.41	0.00	0.00	1.09	1.34	1.09	1.34
0.00	0.00	0.72	0.85	0.72	0.85	0.00	0.00	1.98	2.30	1.98	2.30
0.00	0.00	2.25	3.32	2.25	3.32	0.00	0.00	5.16	5.00	5.16	5.00
0.00	0.00	0.50	0.84	0.50	0.84	0.00	0.00	1.37	1.35	1.37	1.35
0.00	0.00	0.76	0.72	0.76	0.72	0.00	0.00	1.69	1.99	1.69	1.99
0.00	0.00	0.17	0.36	0.17	0.36	0.00	0.00	0.29	0.50	0.29	0.50
0.00	0.00	6.25	9.09	6.25	9.09	0.00	0.00	3.54	9.75	3.54	9.75
0.00	0.00	2.18	3.36	2.18	3.36	0.00	0.00	1.82	1.92	1.82	1.92
0.00	0.00	0.35	0.54	0.35	0.54	0.00	0.00	0.57	0.49	0.57	0.49
0.00	0.00	3.98	5.90	3.98	5.90	0.00	0.00	0.88	0.99	0.88	0.99
0.00	0.00	1.02	1.26	1.02	1.26	0.00	0.00	1.76	2.08	1.76	2.08
0.00	0.00	15.14	8.63	15.14	8.63	0.01	0.08	35.71	22.66	35.71	22.74
1.06	6.55	1 178.08	1 199.61	1 179.14	1 206.16	30.25	124.23	1 696.27	1 616.63	1 726.52	1 740.86

2016 年

资金流入 / 资金流出	吉林省					
	借记		贷记		小计	
	笔数	金额	笔数	金额	笔数	金额
北京市	0.00	0.56	20.87	19.38	20.87	19.94
天津市	0.00	0.01	8.24	5.66	8.24	5.67
河北省	0.00	0.00	7.22	7.90	7.22	7.90
山西省	0.00	0.00	1.32	1.62	1.32	1.62
内蒙古自治区	0.00	0.00	5.89	6.54	5.89	6.54
辽宁省	0.00	0.00	16.30	19.98	16.30	19.98
吉林省	1.29	1.10	436.62	470.64	437.90	471.75
黑龙江省	0.00	0.00	8.65	11.29	8.65	11.29
上海市	0.00	0.00	39.88	57.51	39.88	57.51
江苏省	0.00	0.00	5.96	5.53	5.96	5.53
浙江省	0.00	0.00	9.41	11.23	9.41	11.23
安徽省	0.00	0.00	4.52	3.65	4.52	3.65
福建省	0.00	0.00	13.70	10.33	13.70	10.33
江西省	0.00	0.00	1.41	1.62	1.41	1.62
山东省	0.00	0.01	8.75	10.22	8.75	10.23
河南省	0.00	0.00	3.43	4.67	3.43	4.67
湖北省	0.00	0.00	2.20	2.10	2.20	2.10
湖南省	0.00	0.00	2.30	2.50	2.30	2.50
广东省	0.00	0.00	11.85	8.48	11.85	8.48
广西壮族自治区	0.00	0.00	3.64	2.68	3.64	2.68
海南省	0.00	0.00	0.69	0.70	0.69	0.70
重庆市	0.00	0.00	1.28	1.33	1.28	1.33
四川省	0.00	0.00	2.92	2.86	2.92	2.86
贵州省	0.00	0.00	0.83	1.24	0.83	1.24
云南省	0.00	0.00	1.06	1.31	1.06	1.31
西藏自治区	0.00	0.00	0.21	0.28	0.21	0.28
陕西省	0.00	0.00	2.84	2.96	2.84	2.96
甘肃省	0.00	0.00	1.26	2.23	1.26	2.23
青海省	0.00	0.00	0.39	0.37	0.39	0.37
宁夏回族自治区	0.00	0.00	0.38	0.45	0.38	0.45
新疆维吾尔自治区	0.00	0.00	0.83	0.93	0.83	0.93
深圳市	0.00	0.00	16.80	10.27	16.80	10.27
合计	1.29	1.68	641.64	688.47	642.93	690.15

第四季度　　　　单位：万笔、亿元

黑龙江省						上海市					
借记		贷记		小计		借记		贷记		小计	
笔数	金额	笔数	金额	笔数	金额	笔数	金额	笔数	金额	笔数	金额
0.65	0.91	31.04	34.71	31.70	35.62	0.23	2.25	128.58	125.75	128.80	128.00
0.00	0.03	7.53	5.47	7.54	5.50	0.26	1.34	26.66	27.88	26.92	29.21
0.00	0.01	8.56	10.68	8.56	10.69	0.06	0.58	25.40	28.52	25.46	29.10
0.00	0.00	1.68	2.41	1.68	2.41	0.00	0.00	12.94	15.06	12.94	15.07
0.00	0.00	9.57	10.74	9.57	10.74	0.00	0.00	8.86	9.56	8.86	9.56
0.00	0.01	14.67	17.49	14.67	17.50	0.10	1.03	26.25	29.76	26.35	30.79
0.00	0.00	10.73	14.03	10.73	14.03	0.00	0.00	8.49	9.00	8.49	9.00
14.96	62.08	694.93	649.89	709.88	711.97	0.00	0.00	8.75	9.73	8.75	9.74
0.07	0.00	56.98	49.91	57.05	49.91	25.60	389.26	1 768.05	2 361.57	1 793.65	2 750.83
0.00	0.03	7.59	7.69	7.59	7.73	1.14	20.53	281.05	273.56	282.19	294.09
0.00	0.02	16.91	21.83	16.91	21.85	0.49	8.55	286.62	341.17	287.12	349.71
0.00	0.00	2.54	2.59	2.54	2.59	0.03	0.78	55.20	48.30	55.23	49.08
0.00	0.00	10.97	9.16	10.98	9.16	0.01	0.06	76.32	75.96	76.32	76.03
0.00	0.00	1.45	1.80	1.45	1.80	0.00	0.01	19.13	21.37	19.13	21.39
0.00	0.00	10.81	11.92	10.81	11.92	0.14	1.19	59.36	64.92	59.50	66.11
0.00	0.00	3.03	3.73	3.03	3.73	0.02	0.18	37.87	39.12	37.89	39.30
0.00	0.00	6.36	2.41	6.36	2.41	0.02	0.13	36.54	33.51	36.55	33.64
0.00	0.00	1.98	1.94	1.98	1.94	0.00	0.05	22.74	25.32	22.74	25.37
0.01	0.02	24.26	21.58	24.26	21.60	0.32	2.88	92.02	101.43	92.34	104.31
0.00	0.00	2.70	2.31	2.70	2.31	0.00	0.00	13.09	14.52	13.09	14.52
0.00	0.00	1.14	1.41	1.14	1.41	0.00	0.00	4.01	4.79	4.01	4.79
0.00	0.00	1.08	1.03	1.08	1.03	0.06	0.46	16.15	16.78	16.20	17.24
0.00	0.00	2.41	3.77	2.41	3.77	0.01	0.07	29.60	30.45	29.60	30.52
0.00	0.00	0.78	1.19	0.78	1.19	0.00	0.02	7.42	7.63	7.42	7.66
0.00	0.00	1.10	1.38	1.10	1.38	0.00	0.00	11.83	10.36	11.83	10.36
0.00	0.00	0.19	0.33	0.19	0.33	0.00	0.00	0.63	0.84	0.63	0.84
0.00	0.00	2.48	3.03	2.48	3.03	0.01	0.06	16.33	22.02	16.34	22.08
0.00	0.00	1.19	2.28	1.19	2.28	0.00	0.00	7.12	7.80	7.12	7.80
0.00	0.00	0.25	0.26	0.25	0.26	0.00	0.00	2.00	1.91	2.00	1.91
0.00	0.00	0.36	0.41	0.36	0.41	0.00	0.00	2.77	2.99	2.77	2.99
0.00	0.00	1.28	1.29	1.28	1.29	0.00	0.02	6.92	7.82	6.92	7.84
0.02	0.00	19.49	10.68	19.50	10.68	5.43	3.17	97.29	94.40	102.72	97.57
15.71	63.12	956.05	909.35	971.76	972.47	33.91	432.63	3 195.99	3 863.80	3 229.90	4 296.43

2016 年

资金流入 / 资金流出	江苏省					
	借记		贷记		小计	
	笔数	金额	笔数	金额	笔数	金额
北京市	0.07	182.11	121.16	95.77	121.23	277.88
天津市	0.06	0.66	29.20	23.70	29.26	24.36
河北省	0.01	0.15	24.77	34.19	24.77	34.34
山西省	0.00	0.00	9.01	11.67	9.01	11.67
内蒙古自治区	0.00	0.00	6.48	7.45	6.48	7.45
辽宁省	0.01	0.07	16.29	19.67	16.30	19.74
吉林省	0.00	0.00	5.27	6.56	5.27	6.56
黑龙江省	0.00	0.01	11.35	8.80	11.35	8.81
上海市	1.28	15.97	436.60	420.91	437.88	436.88
江苏省	69.51	1 016.72	2 980.34	4 217.26	3 049.84	5 233.98
浙江省	0.41	11.91	184.31	251.00	184.72	262.91
安徽省	0.03	18.38	64.09	79.41	64.12	97.79
福建省	0.00	0.04	59.42	57.52	59.42	57.56
江西省	0.00	0.01	23.81	24.75	23.82	24.76
山东省	0.03	0.36	68.67	88.79	68.70	89.16
河南省	0.00	0.01	28.77	34.35	28.77	34.36
湖北省	0.00	0.01	31.79	28.34	31.79	28.35
湖南省	0.00	0.01	19.13	22.38	19.13	22.39
广东省	0.44	3.60	160.86	150.47	161.30	154.07
广西壮族自治区	0.00	0.00	10.01	9.45	10.01	9.45
海南省	0.00	0.00	2.64	3.06	2.64	3.06
重庆市	0.01	0.04	11.50	13.35	11.50	13.39
四川省	0.00	0.01	19.66	24.13	19.66	24.13
贵州省	0.00	0.00	6.38	7.73	6.38	7.73
云南省	0.00	0.02	9.37	8.68	9.38	8.70
西藏自治区	0.00	0.00	0.66	1.02	0.66	1.02
陕西省	0.00	0.01	14.56	18.36	14.56	18.37
甘肃省	0.00	0.00	6.56	7.72	6.56	7.72
青海省	0.00	0.00	2.82	2.92	2.82	2.92
宁夏回族自治区	0.00	0.00	2.45	3.09	2.45	3.09
新疆维吾尔自治区	0.00	0.02	6.89	10.32	6.90	10.34
深圳市	0.19	1.39	93.39	77.52	93.58	78.91
合计	72.05	1 251.51	4 468.21	5 770.35	4 540.25	7 021.86

资金流量流向情况季报表

第四季度　　　　　　　　　　　　　　　　　　　　　单位：万笔、亿元

浙江省						安徽省					
借记		贷记		小计		借记		贷记		小计	
笔数	金额	笔数	金额	笔数	金额	笔数	金额	笔数	金额	笔数	金额
0.08	231.02	99.76	109.24	99.84	340.26	0.01	19.83	41.25	37.30	41.26	57.13
0.11	0.94	30.46	26.33	30.57	27.27	0.00	0.03	13.96	8.50	13.97	8.54
0.01	0.08	24.36	35.27	24.37	35.36	0.00	0.07	6.91	9.10	6.91	9.17
0.00	0.00	8.35	11.55	8.35	11.55	0.00	0.00	2.73	3.65	2.73	3.65
0.00	0.00	6.32	7.87	6.32	7.87	0.00	0.00	2.59	2.53	2.59	2.53
0.01	0.09	15.17	21.02	15.18	21.11	0.00	0.00	3.63	4.21	3.63	4.21
0.00	0.00	5.17	6.47	5.17	6.47	0.00	0.00	1.73	2.24	1.73	2.24
0.00	0.01	6.97	8.68	6.97	8.69	0.00	0.00	1.75	1.98	1.75	1.98
0.98	15.40	429.11	369.16	430.10	384.56	0.06	1.92	151.10	277.53	151.15	279.45
0.45	10.58	138.70	179.23	139.15	189.81	0.11	4.41	58.18	64.71	58.29	69.12
82.80	2 520.19	4 302.15	6 141.53	4 384.95	8 661.72	0.05	1.44	54.99	60.80	55.04	62.24
0.03	2.02	57.65	59.85	57.68	61.87	1.70	35.07	1 306.71	1 297.54	1 308.40	1 332.62
0.00	0.02	121.26	114.66	121.26	114.68	0.00	0.00	22.58	19.00	22.58	19.00
0.00	0.03	32.67	42.60	32.67	42.63	0.00	0.00	7.16	10.24	7.16	10.25
0.04	0.40	50.27	66.31	50.31	66.71	0.00	0.03	17.78	18.72	17.79	18.75
0.00	0.00	28.60	39.70	28.60	39.70	0.00	0.00	11.53	15.23	11.53	15.23
0.00	0.02	39.26	31.78	39.27	31.80	0.00	0.00	10.60	9.73	10.60	9.73
0.00	0.00	28.18	33.76	28.18	33.76	0.00	0.00	7.14	8.05	7.14	8.05
0.95	6.46	106.48	150.42	107.43	156.87	0.04	0.31	36.89	32.88	36.94	33.19
0.00	0.00	12.26	16.80	12.26	16.81	0.00	0.00	3.31	3.58	3.31	3.58
0.00	0.00	3.52	4.20	3.52	4.20	0.00	0.00	0.96	1.15	0.96	1.15
0.03	0.22	15.52	17.68	15.55	17.90	0.00	0.00	3.19	3.34	3.19	3.34
0.01	0.01	22.56	30.98	22.57	30.98	0.00	0.00	5.64	6.58	5.64	6.58
0.00	0.00	13.00	15.36	13.00	15.36	0.00	0.00	2.40	3.31	2.40	3.31
0.00	0.00	12.15	15.57	12.15	15.57	0.00	0.00	2.76	3.38	2.76	3.38
0.00	0.00	0.63	1.10	0.63	1.10	0.00	0.00	0.38	0.52	0.38	0.52
0.00	0.01	14.81	30.04	14.81	30.04	0.39	0.16	4.09	5.28	4.48	5.44
0.00	0.00	7.84	11.48	7.84	11.48	0.00	0.00	2.52	3.15	2.52	3.15
0.00	0.00	2.44	3.46	2.44	3.46	0.00	0.00	0.75	0.86	0.75	0.86
0.00	0.00	2.57	3.62	2.57	3.62	0.00	0.00	0.79	0.89	0.79	0.89
0.00	0.04	6.75	10.58	6.75	10.62	0.00	0.00	1.93	2.77	1.93	2.77
0.23	1.27	116.65	130.30	116.88	131.57	0.01	0.07	32.88	19.25	32.89	19.31
85.74	2 788.81	5 761.59	7 746.61	5 847.33	10 535.42	2.38	63.35	1 820.80	1 938.04	1 823.17	2 001.38

2016 年

资金流入 / 资金流出	福建省					
	借记		贷记		小计	
	笔数	金额	笔数	金额	笔数	金额
北京市	0.02	92.61	62.97	69.77	62.99	162.38
天津市	0.01	0.10	17.51	15.36	17.52	15.46
河北省	0.00	0.01	10.13	14.68	10.14	14.69
山西省	0.00	0.00	5.95	9.07	5.95	9.07
内蒙古自治区	0.00	0.00	3.74	4.80	3.74	4.80
辽宁省	0.00	0.01	7.81	10.06	7.81	10.07
吉林省	0.00	0.00	2.51	3.40	2.51	3.40
黑龙江省	0.00	0.00	3.75	5.95	3.75	5.95
上海市	0.00	0.06	192.93	254.24	192.93	254.30
江苏省	0.00	0.07	34.77	39.09	34.78	39.16
浙江省	0.01	0.21	76.37	99.16	76.38	99.37
安徽省	0.00	0.00	22.57	19.41	22.57	19.41
福建省	31.30	127.04	3 189.26	3 705.96	3 220.56	3 833.00
江西省	0.00	0.00	18.67	23.50	18.67	23.50
山东省	0.00	0.02	20.43	27.24	20.43	27.27
河南省	0.00	0.00	13.95	18.23	13.95	18.24
湖北省	0.00	0.02	15.03	15.39	15.03	15.41
湖南省	0.00	0.01	13.84	16.27	13.84	16.28
广东省	0.08	0.68	83.65	108.60	83.73	109.27
广西壮族自治区	0.00	0.00	11.76	15.63	11.76	15.63
海南省	0.00	0.00	3.14	4.04	3.14	4.04
重庆市	0.00	0.01	6.70	8.53	6.70	8.54
四川省	0.00	0.04	14.10	16.14	14.10	16.18
贵州省	0.00	0.00	9.95	12.42	9.95	12.42
云南省	0.00	0.03	9.87	11.79	9.87	11.82
西藏自治区	0.00	0.00	0.52	0.77	0.52	0.77
陕西省	0.00	0.00	7.30	11.47	7.30	11.47
甘肃省	0.00	0.00	3.83	4.90	3.83	4.90
青海省	0.00	0.00	1.09	1.45	1.09	1.45
宁夏回族自治区	0.00	0.00	1.21	1.55	1.21	1.55
新疆维吾尔自治区	0.00	0.00	3.35	4.90	3.35	4.90
深圳市	0.02	0.20	81.55	77.31	81.57	77.51
合计	31.45	221.13	3 950.23	4 631.07	3 981.67	4 852.20

资金流量流向情况季报表

第四季度 单位：万笔、亿元

江西省						山东省					
借记		贷记		小计		借记		贷记		小计	
笔数	金额	笔数	金额	笔数	金额	笔数	金额	笔数	金额	笔数	金额
0.01	16.21	26.72	26.98	26.73	43.20	0.18	62.80	107.05	115.19	107.23	177.99
0.00	0.02	9.43	5.33	9.43	5.35	0.10	1.33	55.13	34.20	55.24	35.53
0.00	0.00	3.85	4.90	3.85	4.90	0.02	0.24	49.18	75.17	49.20	75.40
0.02	0.01	1.44	1.82	1.46	1.83	0.00	0.01	13.08	20.31	13.08	20.32
0.00	0.00	1.50	1.52	1.50	1.52	0.00	0.00	10.89	13.94	10.89	13.94
0.00	0.01	2.02	2.42	2.02	2.43	0.01	0.10	18.57	25.62	18.59	25.72
0.00	0.00	0.88	1.16	0.88	1.16	0.00	0.00	7.77	10.01	7.77	10.01
0.00	0.00	1.33	1.76	1.33	1.76	0.00	0.00	11.87	12.26	11.87	12.27
0.00	0.03	79.75	67.36	79.76	67.39	0.06	0.60	332.20	371.45	332.27	372.05
0.01	0.07	16.17	15.95	16.18	16.02	0.02	0.30	70.94	79.43	70.96	79.72
0.00	0.04	47.95	48.57	47.96	48.61	0.04	0.76	73.04	77.06	73.09	77.81
0.00	0.00	10.79	10.90	10.79	10.90	0.00	0.00	42.19	35.44	42.19	35.44
0.00	0.00	31.92	28.35	31.92	28.35	0.00	0.00	64.79	45.43	64.79	45.43
0.40	11.58	1 010.54	1 122.65	1 010.95	1 134.24	0.00	0.01	8.00	10.87	8.00	10.89
0.05	0.09	6.61	7.95	6.66	8.05	15.94	91.08	3 871.26	4 168.34	3 887.20	4 259.42
0.00	0.00	4.58	5.51	4.58	5.51	0.00	0.02	31.79	49.15	31.79	49.18
0.00	0.00	12.08	9.48	12.08	9.48	0.00	0.00	17.69	15.25	17.69	15.25
0.00	0.00	13.87	19.01	13.88	19.01	0.00	0.00	12.34	15.55	12.34	15.55
0.06	0.60	59.45	58.90	59.50	59.50	0.13	1.31	101.97	79.26	102.10	80.57
0.00	0.01	4.51	5.53	4.51	5.54	0.00	0.00	12.86	10.01	12.86	10.01
0.00	0.00	1.37	1.66	1.37	1.66	0.00	0.00	1.91	2.29	1.91	2.29
0.07	0.07	2.51	3.37	2.58	3.44	0.00	0.03	7.62	8.16	7.63	8.19
0.01	0.02	5.69	6.55	5.70	6.57	0.00	0.00	16.12	18.35	16.12	18.36
0.02	0.01	3.25	4.18	3.27	4.19	0.00	0.00	5.32	7.24	5.32	7.24
0.01	0.01	3.27	4.47	3.28	4.47	0.00	0.00	4.99	6.44	4.99	6.44
0.00	0.00	0.26	0.37	0.26	0.37	0.00	0.00	0.74	1.03	0.74	1.03
0.01	0.00	2.87	3.71	2.88	3.71	0.00	0.01	12.84	25.89	12.84	25.90
0.00	0.00	1.79	2.06	1.79	2.06	0.00	0.00	6.87	9.78	6.87	9.78
0.00	0.00	0.52	0.63	0.52	0.63	0.00	0.00	2.65	2.68	2.65	2.69
0.00	0.00	0.45	0.59	0.45	0.59	0.00	0.00	2.77	3.97	2.77	3.97
0.00	0.00	1.15	1.60	1.15	1.60	0.00	0.03	6.47	8.62	6.48	8.64
0.03	0.20	41.17	29.36	41.20	29.56	0.05	0.30	66.55	44.06	66.60	44.36
0.71	28.99	1 409.74	1 504.61	1 410.45	1 533.60	16.58	158.93	5 047.45	5 402.48	5 064.03	5 561.41

2016 年

资金流入 / 资金流出	河南省					
	借记		贷记		小计	
	笔数	金额	笔数	金额	笔数	金额
北京市	0.01	13.54	133.81	79.97	133.81	93.52
天津市	0.00	0.05	28.59	16.24	28.60	16.29
河北省	0.00	0.04	22.27	29.32	22.27	29.35
山西省	0.00	0.01	14.92	22.73	14.92	22.74
内蒙古自治区	0.00	0.00	5.88	6.20	5.88	6.20
辽宁省	0.00	0.00	6.65	7.21	6.65	7.21
吉林省	0.00	0.00	2.34	2.98	2.34	2.98
黑龙江省	0.00	0.00	3.20	3.94	3.20	3.94
上海市	0.00	0.00	240.42	184.61	240.42	184.61
江苏省	0.00	0.01	38.73	33.37	38.73	33.38
浙江省	0.00	0.01	52.15	48.69	52.15	48.69
安徽省	0.00	0.00	27.54	24.30	27.54	24.30
福建省	0.00	0.00	36.39	24.66	36.39	24.66
江西省	0.00	0.00	6.34	7.48	6.34	7.48
山东省	0.00	0.02	33.02	39.92	33.03	39.94
河南省	0.96	1.02	2 282.06	2 576.12	2 283.01	2 577.14
湖北省	0.00	0.00	19.95	21.00	19.95	21.00
湖南省	0.00	0.00	10.64	12.60	10.64	12.61
广东省	0.01	0.14	65.51	64.89	65.52	65.03
广西壮族自治区	0.00	0.00	5.65	6.49	5.65	6.49
海南省	0.00	0.00	1.90	2.09	1.90	2.09
重庆市	0.00	0.00	6.49	7.04	6.49	7.04
四川省	0.00	0.00	11.54	11.90	11.54	11.90
贵州省	0.00	0.00	4.23	5.21	4.23	5.21
云南省	0.00	0.00	4.22	5.28	4.22	5.28
西藏自治区	0.00	0.00	1.07	1.22	1.07	1.22
陕西省	0.31	5.71	13.84	28.39	14.15	34.10
甘肃省	0.00	0.00	5.32	6.49	5.32	6.49
青海省	0.00	0.00	2.84	2.65	2.84	2.65
宁夏回族自治区	0.00	0.00	2.07	2.58	2.07	2.58
新疆维吾尔自治区	0.00	0.00	7.19	8.45	7.19	8.45
深圳市	0.00	0.02	55.94	36.46	55.94	36.48
合计	1.29	20.58	3 152.69	3 330.47	3 153.98	3 351.06

资金流量流向情况季报表

第四季度　　　　单位：万笔、亿元

湖北省						湖南省					
借记		贷记		小计		借记		贷记		小计	
笔数	金额	笔数	金额	笔数	金额	笔数	金额	笔数	金额	笔数	金额
0.01	6.70	57.32	42.95	57.33	49.66	0.00	14.94	42.24	36.68	42.25	51.62
0.01	0.27	9.16	7.67	9.16	7.93	0.00	0.06	10.57	7.13	10.57	7.18
0.00	0.00	8.56	9.76	8.56	9.76	0.00	0.02	5.71	7.17	5.71	7.19
0.00	0.00	3.31	4.62	3.31	4.62	0.00	0.00	2.09	2.73	2.09	2.73
0.00	0.00	3.07	2.79	3.07	2.79	0.00	0.00	1.88	1.80	1.88	1.80
0.00	0.00	3.90	4.36	3.90	4.36	0.00	0.00	3.03	3.22	3.03	3.23
0.00	0.00	1.57	2.09	1.57	2.09	0.00	0.00	1.29	1.56	1.29	1.56
0.00	0.00	2.10	2.07	2.10	2.07	0.00	0.00	1.58	1.81	1.58	1.81
0.13	0.12	131.71	104.31	131.84	104.43	0.00	0.00	82.62	65.99	82.62	66.00
0.01	0.00	25.57	22.97	25.58	22.97	0.00	0.01	17.74	16.82	17.75	16.83
0.00	0.01	43.22	36.13	43.22	36.15	0.00	0.01	54.78	33.85	54.78	33.86
0.00	0.00	20.64	16.55	20.64	16.55	0.00	0.00	16.93	12.74	16.93	12.74
0.00	0.00	29.53	24.44	29.53	24.45	0.00	0.00	30.54	23.43	30.54	23.43
0.05	0.05	9.16	11.52	9.21	11.57	0.00	0.00	12.56	14.65	12.56	14.66
0.00	0.03	12.53	12.90	12.53	12.93	0.00	0.00	9.76	9.05	9.76	9.05
0.00	0.00	29.74	20.31	29.74	20.31	0.00	0.00	6.16	7.68	6.16	7.68
1.14	23.10	1 589.37	1 675.28	1 590.51	1 698.37	0.00	0.00	19.29	15.17	19.29	15.17
0.00	0.04	19.72	29.62	19.72	29.66	6.46	39.49	1 797.59	2 033.67	1 804.05	2 073.16
0.02	0.29	67.52	61.38	67.54	61.67	0.08	0.61	108.47	87.60	108.55	88.22
0.00	0.00	5.54	5.61	5.54	5.61	0.00	0.00	10.03	12.32	10.03	12.32
0.00	0.00	2.08	2.22	2.08	2.22	0.00	0.00	2.41	2.82	2.41	2.82
0.00	0.00	7.03	8.30	7.03	8.30	0.00	0.00	4.43	4.95	4.43	4.95
0.00	0.00	10.24	10.70	10.24	10.70	0.00	0.00	10.31	10.95	10.31	10.95
0.00	0.00	4.92	5.48	4.92	5.48	0.00	0.00	11.13	12.58	11.13	12.58
0.00	0.00	4.50	4.95	4.50	4.95	0.00	0.00	5.61	7.37	5.61	7.37
0.00	0.00	0.62	0.86	0.62	0.86	0.00	0.00	0.57	0.79	0.57	0.79
0.22	4.76	7.20	8.98	7.42	13.74	0.12	2.08	4.00	7.32	4.13	9.40
0.00	0.00	3.30	3.55	3.30	3.55	0.00	0.00	2.02	2.22	2.02	2.22
0.00	0.00	1.27	1.28	1.27	1.28	0.00	0.00	1.11	1.34	1.11	1.34
0.00	0.00	0.98	1.15	0.98	1.15	0.00	0.00	0.69	0.93	0.69	0.93
0.00	0.00	2.94	3.47	2.94	3.47	0.00	0.00	2.26	2.68	2.26	2.68
0.01	0.10	51.18	38.38	51.19	38.48	0.02	0.14	67.26	46.73	67.28	46.87
1.59	35.48	2 169.48	2 186.66	2 171.07	2 222.14	6.70	57.39	2 346.68	2 495.75	2 353.38	2 553.14

2016年

资金流入 / 资金流出	广东省					
	借记		贷记		小计	
	笔数	金额	笔数	金额	笔数	金额
北京市	2.54	165.38	150.54	123.42	153.08	288.79
天津市	0.03	0.31	42.04	27.42	42.07	27.73
河北省	0.06	0.29	22.49	34.63	22.54	34.92
山西省	0.01	0.01	8.60	10.80	8.61	10.80
内蒙古自治区	0.00	0.00	7.78	7.44	7.78	7.44
辽宁省	0.03	0.23	15.44	19.82	15.47	20.05
吉林省	0.01	0.03	5.74	7.71	5.74	7.74
黑龙江省	0.01	0.07	6.97	9.78	6.98	9.85
上海市	0.09	0.98	251.17	197.90	251.27	198.89
江苏省	0.44	2.58	67.63	76.84	68.07	79.42
浙江省	0.47	1.80	134.14	150.15	134.61	151.95
安徽省	0.01	0.07	46.93	37.82	46.95	37.89
福建省	0.13	0.26	107.72	110.81	107.85	111.07
江西省	0.35	0.95	37.11	48.37	37.45	49.32
山东省	0.35	1.13	39.19	48.97	39.54	50.11
河南省	0.02	0.06	28.85	39.05	28.87	39.11
湖北省	0.36	0.58	38.58	41.15	38.94	41.73
湖南省	0.04	0.36	66.64	80.86	66.68	81.22
广东省	74.19	496.91	5 058.57	5 957.59	5 132.75	6 454.50
广西壮族自治区	0.11	0.60	52.04	60.40	52.16	61.00
海南省	0.00	0.02	12.45	16.25	12.45	16.27
重庆市	0.20	0.35	17.35	19.80	17.55	20.15
四川省	1.20	1.43	30.50	34.72	31.70	36.15
贵州省	0.00	0.01	15.54	17.17	15.54	17.19
云南省	0.06	0.30	19.56	20.25	19.62	20.54
西藏自治区	0.01	0.24	0.81	1.14	0.81	1.38
陕西省	0.56	1.89	14.36	19.19	14.92	21.08
甘肃省	0.04	0.04	7.81	11.57	7.85	11.61
青海省	0.00	0.00	1.88	2.13	1.88	2.13
宁夏回族自治区	0.00	0.00	2.58	3.78	2.58	3.78
新疆维吾尔自治区	0.05	0.20	5.99	8.77	6.04	8.97
深圳市	31.57	77.21	452.96	458.88	484.53	536.10
合计	112.93	754.29	6 769.95	7 704.58	6 882.88	8 458.87

资金流量流向情况季报表

第四季度 单位：万笔、亿元

广西壮族自治区						海南省					
借记		贷记		小计		借记		贷记		小计	
笔数	金额	笔数	金额	笔数	金额	笔数	金额	笔数	金额	笔数	金额
0.00	0.17	25.20	24.28	25.20	24.45	0.01	0.39	9.56	11.85	9.56	12.24
0.00	0.00	11.97	5.22	11.97	5.22	0.00	0.00	1.41	1.35	1.41	1.35
0.00	0.00	3.52	4.89	3.52	4.89	0.00	0.00	2.06	3.07	2.06	3.07
0.00	0.00	1.56	2.24	1.56	2.24	0.00	0.00	0.68	0.96	0.68	0.96
0.00	0.00	1.58	1.56	1.58	1.56	0.00	0.00	0.64	0.73	0.64	0.73
0.00	0.00	2.55	3.05	2.55	3.05	0.00	0.00	1.19	1.73	1.19	1.73
0.00	0.00	1.08	1.48	1.08	1.48	0.00	0.00	0.59	0.76	0.59	0.76
0.00	0.00	1.76	2.85	1.76	2.85	0.00	0.00	1.24	1.49	1.24	1.49
0.00	0.01	79.23	54.61	79.23	54.62	0.00	0.00	21.46	13.84	21.46	13.84
0.00	0.00	9.58	7.77	9.58	7.77	0.00	0.00	2.80	3.48	2.80	3.48
0.00	0.00	18.06	16.17	18.06	16.17	0.00	0.00	5.56	7.56	5.56	7.56
0.00	0.00	13.93	9.39	13.93	9.39	0.00	0.00	2.11	2.24	2.11	2.24
0.00	0.00	36.70	27.16	36.70	27.16	0.00	0.00	5.15	5.39	5.15	5.39
0.00	0.00	4.44	5.84	4.44	5.84	0.00	0.00	1.27	1.64	1.27	1.64
0.00	0.00	5.92	5.89	5.92	5.90	0.00	0.00	2.07	2.65	2.07	2.65
0.00	0.00	3.91	5.12	3.91	5.12	0.00	0.00	2.01	2.89	2.01	2.89
0.00	0.00	7.13	5.06	7.13	5.06	0.00	0.00	1.84	2.12	1.84	2.12
0.00	0.00	10.10	12.70	10.10	12.70	0.00	0.00	2.42	3.37	2.42	3.37
0.04	0.54	96.87	70.23	96.91	70.76	0.00	0.01	13.36	14.55	13.36	14.56
1.59	2.59	1 148.18	1 063.98	1 149.77	1 066.57	0.00	0.00	1.81	1.92	1.81	1.92
0.00	0.00	2.01	2.22	2.01	2.22	1.73	11.42	272.60	300.31	274.33	311.73
0.00	0.00	3.60	3.54	3.60	3.54	0.00	0.00	1.09	1.32	1.09	1.32
0.00	0.00	5.74	7.25	5.74	7.25	0.00	0.00	1.67	1.97	1.67	1.97
0.00	0.00	5.38	6.69	5.38	6.69	0.00	0.00	0.70	0.69	0.70	0.69
0.00	0.00	4.50	5.70	4.50	5.70	0.00	0.00	0.66	0.83	0.66	0.83
0.00	0.00	0.13	0.17	0.13	0.17	0.00	0.00	0.06	0.09	0.06	0.09
0.06	0.02	3.09	5.25	3.15	5.27	0.00	0.00	1.02	1.13	1.02	1.13
0.00	0.00	1.48	1.80	1.48	1.80	0.00	0.00	0.63	0.64	0.63	0.64
0.00	0.00	0.48	0.57	0.48	0.57	0.00	0.00	0.14	0.15	0.14	0.15
0.00	0.00	0.33	0.40	0.33	0.40	0.00	0.00	0.14	0.19	0.14	0.19
0.00	0.00	1.10	1.17	1.10	1.17	0.00	0.00	0.50	0.57	0.50	0.57
0.01	0.05	45.17	27.92	45.18	27.97	0.00	0.00	15.22	12.74	15.22	12.75
1.71	3.38	1 556.26	1 392.19	1 557.97	1 395.58	1.74	11.82	373.67	404.23	375.41	416.06

2016 年

资金流入 / 资金流出	重庆市					
	借记		贷记		小计	
	笔数	金额	笔数	金额	笔数	金额
北京市	0.01	13.94	29.92	22.69	29.93	36.63
天津市	0.00	0.02	6.11	3.43	6.11	3.45
河北省	0.00	0.00	3.99	4.36	3.99	4.36
山西省	0.00	0.00	1.96	2.52	1.96	2.52
内蒙古自治区	0.00	0.00	1.26	1.24	1.26	1.24
辽宁省	0.00	0.00	2.28	2.38	2.28	2.38
吉林省	0.00	0.00	0.91	1.01	0.91	1.01
黑龙江省	0.00	0.00	0.88	1.03	0.88	1.03
上海市	0.00	0.01	57.87	45.07	57.87	45.07
江苏省	0.00	0.03	11.08	10.69	11.08	10.72
浙江省	0.00	0.02	19.49	16.55	19.50	16.57
安徽省	0.00	0.00	4.75	4.25	4.75	4.25
福建省	0.00	0.00	18.99	14.43	18.99	14.43
江西省	0.00	0.00	2.91	3.34	2.91	3.34
山东省	0.00	0.00	6.17	6.15	6.18	6.16
河南省	0.00	0.00	4.05	4.85	4.05	4.85
湖北省	0.00	0.00	12.71	8.46	12.71	8.46
湖南省	0.00	0.00	5.69	5.68	5.69	5.68
广东省	0.04	0.31	34.27	24.33	34.31	24.64
广西壮族自治区	0.00	0.00	3.22	3.34	3.22	3.34
海南省	0.00	0.00	1.40	1.26	1.40	1.26
重庆市	1.12	26.42	907.64	909.97	908.76	936.39
四川省	0.01	0.06	38.56	44.54	38.57	44.60
贵州省	0.00	0.00	14.60	16.59	14.61	16.59
云南省	0.00	0.00	6.90	7.79	6.90	7.79
西藏自治区	0.00	0.00	1.68	1.82	1.68	1.82
陕西省	0.50	4.71	4.40	7.64	4.90	12.35
甘肃省	0.00	0.00	2.28	2.37	2.28	2.37
青海省	0.00	0.00	1.08	1.10	1.08	1.10
宁夏回族自治区	0.00	0.00	0.88	1.00	0.88	1.00
新疆维吾尔自治区	0.00	0.00	2.82	3.17	2.82	3.17
深圳市	0.01	0.07	33.26	20.54	33.27	20.60
合计	1.69	45.59	1 244.01	1 203.59	1 245.71	1 249.18

第四季度

单位：万笔、亿元

四川省						贵州省					
借记		贷记		小计		借记		贷记		小计	
笔数	金额	笔数	金额	笔数	金额	笔数	金额	笔数	金额	笔数	金额
0.00	9.23	62.11	45.02	62.11	54.25	0.00	6.71	15.24	13.50	15.24	20.21
0.00	0.00	13.83	7.50	13.83	7.50	0.00	0.00	7.90	3.71	7.90	3.71
0.00	0.00	9.38	10.05	9.38	10.05	0.00	0.00	2.27	2.69	2.27	2.69
0.00	0.00	4.38	5.20	4.38	5.20	0.00	0.00	0.99	2.13	0.99	2.13
0.00	0.00	3.73	3.30	3.73	3.30	0.00	0.00	0.59	0.75	0.59	0.75
0.00	0.00	5.46	5.06	5.46	5.06	0.00	0.00	1.01	1.37	1.01	1.37
0.00	0.00	1.97	2.37	1.97	2.37	0.00	0.00	0.33	0.61	0.33	0.61
0.00	0.00	2.48	2.81	2.48	2.81	0.00	0.00	0.66	0.77	0.66	0.77
0.00	0.04	129.08	164.80	129.08	164.83	0.00	0.00	48.08	102.56	48.08	102.56
0.00	0.02	23.11	20.22	23.11	20.24	0.00	0.00	5.91	12.06	5.91	12.07
0.00	0.01	54.65	70.51	54.66	70.52	0.00	0.00	22.32	20.23	22.32	20.23
0.00	0.00	13.15	9.97	13.15	9.97	0.00	0.00	9.34	6.40	9.34	6.40
0.44	1.09	56.38	35.88	56.82	36.98	0.00	0.00	36.80	24.70	36.80	24.70
0.00	0.00	5.71	5.99	5.71	5.99	0.00	0.00	2.31	2.74	2.31	2.75
0.00	0.00	13.60	13.21	13.60	13.21	0.00	0.00	3.64	3.40	3.64	3.40
0.00	0.00	9.48	10.36	9.48	10.36	0.00	0.00	2.12	2.69	2.12	2.69
0.00	0.00	19.44	10.48	19.44	10.48	0.00	0.00	5.25	3.39	5.25	3.39
0.00	0.00	10.55	10.37	10.55	10.37	0.00	0.00	7.81	9.46	7.81	9.46
0.01	0.11	104.89	62.28	104.90	62.39	0.00	0.00	28.03	17.36	28.03	17.36
0.00	0.00	6.91	6.68	6.91	6.68	0.00	0.00	4.87	4.27	4.87	4.27
0.00	0.00	2.15	2.09	2.15	2.09	0.00	0.00	0.61	0.59	0.61	0.59
0.00	0.03	43.34	45.00	43.34	45.03	0.00	0.00	8.60	9.40	8.60	9.40
16.65	36.40	1 950.76	1 854.96	1 967.41	1 891.36	0.00	0.00	9.28	10.38	9.28	10.38
0.03	0.14	16.06	17.15	16.08	17.29	3.50	73.75	690.30	603.96	693.80	677.71
0.00	0.07	15.31	18.20	15.31	18.27	0.00	0.00	6.01	7.12	6.01	7.12
0.00	0.00	8.40	10.51	8.40	10.51	0.00	0.00	0.35	0.39	0.35	0.39
26.30	42.91	12.11	15.23	38.41	58.14	0.00	0.00	2.21	2.81	2.21	2.81
0.00	0.00	7.70	8.09	7.70	8.09	0.00	0.00	0.69	0.85	0.69	0.85
0.00	0.00	3.48	3.35	3.48	3.35	0.00	0.00	0.19	0.20	0.19	0.20
0.00	0.00	1.91	2.08	1.91	2.08	0.00	0.00	0.21	0.24	0.21	0.24
0.00	0.00	9.61	9.88	9.61	9.88	0.00	0.00	0.53	0.68	0.53	0.68
0.00	0.04	78.45	47.19	78.46	47.23	0.00	0.00	25.48	22.02	25.48	22.02
43.44	90.10	2 699.57	2 535.79	2 743.02	2 625.89	3.50	80.48	949.92	893.44	953.42	973.93

2016 年

资金流入 / 资金流出	云南省					
	借记		贷记		小计	
	笔数	金额	笔数	金额	笔数	金额
北京市	0.70	2.25	24.12	20.76	24.82	23.01
天津市	0.00	0.00	13.15	6.33	13.15	6.33
河北省	0.00	0.00	2.51	3.38	2.51	3.38
山西省	0.00	0.00	1.01	1.84	1.02	1.85
内蒙古自治区	0.00	0.00	0.80	0.73	0.81	0.73
辽宁省	0.00	0.00	1.31	1.68	1.32	1.68
吉林省	0.00	0.00	0.51	0.64	0.52	0.65
黑龙江省	0.00	0.00	1.24	0.98	1.24	0.98
上海市	0.03	0.05	70.76	69.72	70.79	69.76
江苏省	0.00	0.01	6.34	5.55	6.35	5.56
浙江省	0.00	0.00	17.98	16.04	17.98	16.04
安徽省	0.00	0.00	3.25	3.10	3.25	3.10
福建省	0.00	0.00	27.76	23.94	27.76	23.94
江西省	0.00	0.00	2.52	3.17	2.52	3.18
山东省	0.00	0.00	3.62	4.04	3.62	4.04
河南省	0.00	0.00	2.40	3.46	2.40	3.47
湖北省	0.05	0.11	4.44	4.09	4.49	4.20
湖南省	0.01	0.01	4.69	7.25	4.70	7.26
广东省	0.00	0.00	28.36	28.86	28.36	28.87
广西壮族自治区	0.00	0.00	3.98	5.25	3.99	5.26
海南省	0.00	0.00	0.58	0.73	0.58	0.73
重庆市	0.00	0.00	6.28	5.88	6.28	5.88
四川省	0.00	0.00	12.29	15.56	12.29	15.57
贵州省	0.00	0.00	8.87	10.28	8.87	10.28
云南省	15.32	4.63	794.66	913.69	809.98	918.32
西藏自治区	0.00	0.00	0.67	0.77	0.67	0.77
陕西省	0.00	0.00	2.10	3.01	2.10	3.02
甘肃省	0.00	0.00	0.87	1.12	0.88	1.13
青海省	0.00	0.00	0.56	0.64	0.56	0.64
宁夏回族自治区	0.00	0.00	0.25	0.30	0.25	0.30
新疆维吾尔自治区	0.00	0.00	0.62	0.70	0.62	0.70
深圳市	0.02	0.12	32.00	21.62	32.03	21.75
合计	16.16	7.21	1 080.52	1 185.14	1 096.68	1 192.35

资金流量流向情况季报表

第四季度　　　　单位：万笔、亿元

西藏自治区						陕西省					
借记		贷记		小计		借记		贷记		小计	
笔数	金额	笔数	金额	笔数	金额	笔数	金额	笔数	金额	笔数	金额
0.00	0.06	1.26	1.68	1.26	1.75	5.21	131.28	33.70	28.75	38.90	160.03
0.00	0.00	0.13	0.33	0.13	0.33	0.01	0.11	11.25	8.92	11.25	9.03
0.00	0.00	0.39	0.37	0.39	0.37	0.00	0.03	9.71	10.29	9.71	10.31
0.00	0.00	0.19	0.23	0.19	0.23	0.00	0.05	8.36	12.66	8.37	12.70
0.00	0.00	0.07	0.10	0.07	0.10	0.00	0.04	7.64	8.33	7.65	8.37
0.00	0.00	0.12	0.18	0.12	0.18	0.00	0.00	3.07	3.34	3.07	3.34
0.00	0.00	0.08	0.12	0.08	0.12	0.00	0.00	1.17	1.29	1.17	1.29
0.00	0.00	0.07	0.14	0.07	0.14	0.00	0.01	1.89	1.58	1.90	1.59
0.00	0.00	1.23	1.43	1.23	1.43	0.17	26.37	73.36	44.47	73.53	70.84
0.00	0.00	0.44	0.52	0.44	0.52	0.16	0.09	13.02	12.26	13.18	12.35
0.00	0.00	0.51	0.67	0.51	0.67	0.05	31.10	16.98	17.37	17.03	48.47
0.00	0.00	0.16	0.28	0.16	0.28	0.00	0.01	8.59	7.13	8.60	7.13
0.00	0.00	0.36	0.40	0.36	0.40	0.19	2.67	27.86	19.00	28.06	21.67
0.00	0.00	0.14	0.20	0.14	0.20	0.00	0.07	3.14	2.98	3.15	3.05
0.00	0.00	0.32	0.44	0.32	0.44	0.05	1.51	10.96	10.94	11.01	12.45
0.00	0.00	0.58	0.68	0.58	0.68	0.00	0.01	10.90	15.08	10.91	15.08
0.00	0.00	0.28	0.38	0.28	0.38	0.04	0.46	8.10	6.15	8.14	6.61
0.00	0.00	0.26	0.39	0.26	0.39	0.01	0.02	6.41	5.29	6.42	5.31
0.00	0.00	0.74	0.81	0.74	0.81	0.06	0.33	24.70	17.81	24.76	18.15
0.00	0.00	0.11	0.12	0.11	0.12	0.00	0.00	3.92	3.82	3.93	3.82
0.00	0.00	0.05	0.09	0.05	0.09	0.00	0.00	0.81	0.89	0.81	0.89
0.00	0.00	0.58	0.73	0.58	0.73	0.00	0.05	3.84	4.31	3.84	4.36
0.00	0.00	2.53	4.00	2.53	4.00	0.24	0.12	15.45	11.15	15.69	11.27
0.00	0.00	0.16	0.15	0.16	0.15	0.00	0.57	2.23	2.40	2.23	2.97
0.00	0.00	0.22	0.30	0.22	0.30	0.00	0.03	2.34	2.69	2.35	2.72
0.01	0.35	39.52	48.59	39.53	48.94	0.00	0.64	1.03	1.42	1.03	2.05
0.00	0.00	0.35	0.49	0.35	0.49	72.97	307.34	1 254.81	1 172.62	1 327.78	1 479.96
0.00	0.00	0.45	0.81	0.45	0.81	0.00	0.42	22.33	20.76	22.33	21.18
0.00	0.00	0.27	0.54	0.27	0.54	0.00	0.01	3.62	3.52	3.62	3.52
0.00	0.00	0.04	0.06	0.04	0.06	0.00	0.03	6.61	8.69	6.62	8.72
0.00	0.00	0.09	0.15	0.09	0.15	0.05	0.80	6.03	6.86	6.07	7.66
0.00	0.00	0.72	0.61	0.72	0.61	0.17	0.68	31.25	22.92	31.42	23.60
0.01	0.42	52.39	66.01	52.40	66.42	79.40	504.83	1 635.11	1 495.68	1 714.51	2 000.50

2016 年

资金流入 / 资金流出	甘肃省					
	借记		贷记		小计	
	笔数	金额	笔数	金额	笔数	金额
北京市	0.00	0.62	13.38	12.94	13.38	13.56
天津市	0.00	0.00	6.60	3.56	6.60	3.56
河北省	0.00	0.00	2.59	3.19	2.59	3.19
山西省	0.00	0.00	1.13	1.59	1.13	1.59
内蒙古自治区	0.00	0.00	2.83	2.55	2.83	2.55
辽宁省	0.00	0.00	0.97	0.94	0.97	0.94
吉林省	0.00	0.00	0.42	0.44	0.42	0.44
黑龙江省	0.00	0.00	0.83	0.55	0.83	0.55
上海市	0.00	0.00	50.57	58.40	50.57	58.40
江苏省	0.00	0.00	4.28	3.74	4.28	3.74
浙江省	0.00	0.00	6.61	6.48	6.61	6.48
安徽省	0.00	0.00	8.96	5.87	8.96	5.87
福建省	0.00	0.00	5.72	4.91	5.72	4.91
江西省	0.00	0.00	1.05	1.23	1.05	1.23
山东省	0.00	0.00	3.30	3.68	3.30	3.68
河南省	0.00	0.00	2.97	4.92	2.97	4.92
湖北省	0.00	0.00	2.15	1.72	2.15	1.72
湖南省	0.00	0.00	1.94	1.61	1.94	1.61
广东省	0.00	0.00	13.67	11.38	13.67	11.38
广西壮族自治区	0.00	0.00	1.03	1.18	1.03	1.18
海南省	0.00	0.00	0.34	0.37	0.34	0.37
重庆市	0.00	0.00	1.07	1.20	1.07	1.20
四川省	0.00	0.00	4.62	5.77	4.62	5.77
贵州省	0.00	0.00	0.61	0.66	0.61	0.66
云南省	0.00	0.00	0.80	0.94	0.80	0.94
西藏自治区	0.00	0.00	1.26	1.78	1.26	1.78
陕西省	5.08	1.03	10.87	13.18	15.94	14.21
甘肃省	3.65	36.35	631.56	665.38	635.21	701.73
青海省	0.00	0.00	6.36	8.39	6.36	8.39
宁夏回族自治区	0.00	0.00	5.46	7.19	5.46	7.19
新疆维吾尔自治区	0.00	0.00	6.13	5.69	6.13	5.69
深圳市	0.00	0.00	50.94	7.07	50.94	7.07
合计	8.72	38.00	851.01	848.50	859.73	886.50

资金流量流向情况季报表

第四季度 单位：万笔、亿元

青海省						宁夏回族自治区					
借记		贷记		小计		借记		贷记		小计	
笔数	金额	笔数	金额	笔数	金额	笔数	金额	笔数	金额	笔数	金额
0.00	0.01	3.04	2.77	3.04	2.78	0.00	0.49	6.76	6.20	6.76	6.69
0.00	0.00	0.58	0.38	0.58	0.38	0.00	0.00	1.44	0.97	1.44	0.97
0.00	0.00	0.63	0.83	0.63	0.83	0.00	0.00	1.36	2.09	1.36	2.09
0.00	0.00	0.38	0.72	0.38	0.72	0.00	0.00	0.60	1.09	0.60	1.09
0.00	0.00	0.25	0.32	0.25	0.32	0.00	0.00	4.99	6.45	4.99	6.45
0.00	0.00	0.25	0.28	0.25	0.28	0.00	0.00	0.45	0.63	0.45	0.63
0.00	0.00	0.10	0.23	0.10	0.23	0.00	0.00	0.16	0.20	0.16	0.20
0.00	0.00	0.12	0.20	0.12	0.20	0.00	0.00	0.24	0.23	0.24	0.23
0.00	0.00	8.41	4.74	8.41	4.74	0.00	0.00	16.18	8.65	16.18	8.65
0.00	0.00	1.12	1.33	1.12	1.33	0.00	0.00	1.69	1.86	1.69	1.86
0.00	0.00	1.80	2.29	1.80	2.29	0.00	0.00	2.79	2.83	2.79	2.83
0.00	0.00	0.81	0.80	0.81	0.80	0.00	0.00	1.51	1.00	1.51	1.00
0.00	0.00	0.99	1.06	0.99	1.06	0.00	0.00	3.78	2.65	3.78	2.65
0.00	0.00	0.28	0.44	0.28	0.44	0.00	0.00	0.33	0.49	0.33	0.49
0.00	0.00	0.93	1.08	0.93	1.08	0.00	0.00	1.54	2.16	1.54	2.16
0.00	0.00	1.10	1.47	1.10	1.47	0.00	0.00	1.11	1.48	1.11	1.48
0.00	0.00	2.24	0.68	2.24	0.68	0.00	0.00	0.99	0.72	0.99	0.72
0.00	0.00	0.40	0.52	0.40	0.52	0.00	0.00	0.51	0.54	0.51	0.54
0.00	0.00	2.31	2.32	2.31	2.32	0.00	0.00	4.24	3.26	4.24	3.26
0.00	0.00	0.17	0.13	0.17	0.13	0.00	0.00	0.46	0.45	0.46	0.45
0.00	0.00	0.08	0.14	0.08	0.14	0.00	0.00	0.16	0.13	0.16	0.13
0.00	0.00	0.38	0.46	0.38	0.46	0.00	0.00	0.53	0.62	0.53	0.62
0.00	0.00	1.23	1.65	1.23	1.65	0.00	0.00	1.16	1.35	1.16	1.35
0.00	0.00	0.16	0.17	0.16	0.17	0.00	0.00	0.22	0.22	0.22	0.22
0.00	0.00	0.17	0.18	0.17	0.18	0.00	0.00	0.32	0.44	0.32	0.44
0.00	0.00	0.59	0.88	0.59	0.88	0.00	0.00	0.07	0.07	0.07	0.07
0.00	0.00	1.47	1.85	1.47	1.85	0.00	0.00	5.05	6.69	5.05	6.69
0.00	0.00	3.79	4.61	3.79	4.61	0.00	0.00	4.21	5.65	4.21	5.65
0.61	1.13	126.41	122.28	127.02	123.40	0.00	0.00	0.60	0.89	0.60	0.89
0.00	0.00	0.85	1.58	0.85	1.58	0.15	0.46	289.04	310.71	289.19	311.18
0.00	0.00	0.78	0.84	0.78	0.84	0.00	0.00	0.78	1.02	0.78	1.02
0.00	0.00	2.37	1.58	2.37	1.58	0.00	0.00	5.23	2.87	5.23	2.87
0.61	1.14	164.18	158.81	164.79	159.95	0.15	0.96	358.49	374.62	358.64	375.58

2016 年

资金流入 / 资金流出	新疆维吾尔自治区					
	借记		贷记		小计	
	笔数	金额	笔数	金额	笔数	金额
北京市	0.00	7.38	16.16	12.77	16.16	20.15
天津市	0.00	0.11	3.89	2.10	3.90	2.21
河北省	0.00	0.00	2.87	5.74	2.87	5.74
山西省	0.00	0.00	0.83	1.67	0.84	1.68
内蒙古自治区	0.00	0.00	0.88	1.20	0.88	1.20
辽宁省	0.00	0.00	0.99	1.18	0.99	1.18
吉林省	0.00	0.00	0.23	0.33	0.23	0.33
黑龙江省	0.00	0.00	0.97	0.59	0.97	0.59
上海市	0.00	0.01	98.23	160.02	98.24	160.04
江苏省	0.00	0.00	3.87	5.11	3.87	5.12
浙江省	0.00	0.00	5.91	7.69	5.91	7.69
安徽省	0.00	0.00	12.34	6.54	12.34	6.54
福建省	0.00	0.00	9.69	7.89	9.69	7.89
江西省	0.00	0.00	0.63	1.05	0.63	1.05
山东省	0.00	0.00	3.39	5.36	3.39	5.36
河南省	0.00	0.00	3.25	4.93	3.25	4.93
湖北省	0.00	0.00	2.14	1.79	2.14	1.79
湖南省	0.00	0.00	1.76	1.74	1.76	1.74
广东省	0.04	0.46	8.82	8.50	8.86	8.96
广西壮族自治区	0.00	0.00	0.52	0.59	0.52	0.59
海南省	0.00	0.00	0.25	0.26	0.25	0.26
重庆市	0.00	0.03	1.35	1.75	1.35	1.78
四川省	0.00	0.00	3.48	3.96	3.48	3.96
贵州省	0.00	0.00	0.32	0.42	0.32	0.42
云南省	0.00	0.00	0.45	0.53	0.45	0.53
西藏自治区	0.00	0.00	0.21	0.32	0.21	0.32
陕西省	0.00	0.00	3.15	5.38	3.15	5.39
甘肃省	0.00	0.00	3.79	4.52	3.79	4.52
青海省	0.00	0.04	0.48	0.75	0.48	0.78
宁夏回族自治区	0.00	0.00	0.57	0.87	0.57	0.87
新疆维吾尔自治区	79.32	1 259.28	540.61	723.58	619.93	1 982.86
深圳市	0.00	0.01	12.76	5.47	12.76	5.48
合计	79.37	1 267.33	744.80	984.62	824.18	2 251.95

资金流量流向情况季报表

第四季度 单位：万笔、亿元

深圳市						合计					
借记		贷记		小计		借记		贷记		小计	
笔数	金额	笔数	金额	笔数	金额	笔数	金额	笔数	金额	笔数	金额
333.46	99.72	111.50	78.07	444.95	177.78	440.04	1 890.92	3 273.08	3 854.08	3 713.12	5 745.00
0.03	0.21	14.54	13.28	14.57	13.49	52.46	285.15	967.82	983.91	1 020.28	1 269.05
0.01	0.12	17.62	17.46	17.63	17.58	38.41	66.68	2 924.72	3 382.67	2 963.13	3 449.35
0.00	0.04	7.97	7.86	7.97	7.90	136.31	105.97	1 500.55	1 378.78	1 636.86	1 484.75
0.00	0.01	4.50	4.52	4.51	4.53	9.52	10.40	986.84	1 054.17	996.37	1 064.57
0.01	0.09	12.68	14.34	12.69	14.43	65.86	89.44	1 454.07	1 501.74	1 519.93	1 591.18
0.00	0.02	5.29	5.09	5.30	5.11	14.90	5.04	545.84	609.17	560.74	614.21
0.00	0.03	6.65	7.47	6.65	7.50	30.77	68.65	843.15	818.00	873.92	886.65
1.09	1.03	161.35	1 335.48	162.44	1 336.51	41.03	464.44	5 845.33	9 736.33	5 886.37	10 200.77
0.06	0.59	51.98	53.17	52.04	53.77	183.28	1 074.70	4 022.48	5 326.68	4 205.76	6 401.38
0.06	0.63	73.08	80.98	73.14	81.61	195.22	2 591.63	5 772.28	7 893.34	5 967.49	10 484.97
0.00	0.04	14.63	13.98	14.64	14.02	20.21	59.88	1 854.95	1 787.57	1 875.15	1 847.45
0.08	0.12	59.33	60.05	59.41	60.17	120.98	138.66	4 302.24	4 653.09	4 423.22	4 791.75
0.01	0.09	20.75	23.66	20.76	23.75	8.10	17.50	1 266.45	1 431.64	1 274.56	1 449.14
0.03	0.29	28.93	30.24	28.96	30.52	36.74	125.01	4 478.41	4 921.62	4 515.14	5 046.63
0.01	0.05	24.00	25.82	24.01	25.87	36.44	10.66	2 790.09	3 161.40	2 826.53	3 172.06
0.39	0.49	30.73	30.96	31.12	31.46	108.71	37.17	2 079.94	2 098.98	2 188.66	2 136.15
0.01	0.06	36.08	40.48	36.09	40.54	115.86	47.64	2 152.61	2 458.14	2 268.47	2 505.78
7.73	40.68	368.49	427.45	376.23	468.13	281.20	574.00	7 020.64	7 894.37	7 301.84	8 468.37
0.00	0.01	21.78	21.90	21.78	21.91	43.34	6.60	1 378.59	1 313.69	1 421.93	1 320.29
0.00	0.01	4.97	6.02	4.97	6.03	3.40	11.86	335.21	380.85	338.61	392.71
0.01	0.07	12.45	14.36	12.46	14.43	12.59	30.41	1 140.19	1 148.92	1 152.79	1 179.32
0.03	0.06	24.15	24.67	24.18	24.73	261.83	59.89	2 329.65	2 268.89	2 591.49	2 328.78
0.00	0.02	10.21	9.23	10.21	9.25	15.92	76.98	852.01	792.66	867.93	869.64
9.41	0.30	13.53	10.85	22.94	11.15	88.90	11.38	983.47	1 100.15	1 072.36	1 111.53
0.00	0.00	0.46	1.01	0.46	1.01	0.24	1.28	65.28	83.68	65.51	84.96
0.02	0.06	11.36	14.52	11.38	14.58	127.96	374.32	1 486.56	1 526.85	1 614.53	1 901.16
0.01	0.01	4.67	6.31	4.68	6.31	5.98	38.24	767.91	831.29	773.89	869.53
0.00	0.00	1.03	1.33	1.03	1.33	4.11	1.57	174.28	176.21	178.39	177.78
0.00	0.00	1.62	1.90	1.62	1.90	4.09	1.08	342.34	380.73	346.43	381.80
0.00	0.03	4.04	4.88	4.04	4.92	81.73	1 262.86	649.48	861.40	731.22	2 124.26
329.47	282.62	1 685.28	3 636.35	2 014.75	3 918.97	580.59	393.29	3 594.45	5 143.21	4 175.03	5 536.50
681.96	427.48	2 845.67	6 023.70	3 527.64	6 451.18	3 166.71	9 933.28	68 180.93	80 954.22	71 347.65	90 887.50

小额批量支付系统行别间

2016 年

资金流入 / 资金流出	政策性银行		国有商业银行		股份制商业银行	
	笔数	金额	笔数	金额	笔数	金额
政策性银行	0.06	50.79	32.61	58.66	2.27	2.56
国有商业银行	13.30	32.61	25 069.56	26 930.40	9 394.35	11 900.72
股份制商业银行	1.83	2.80	6 193.65	5 764.20	1 523.24	2 035.89
城市商业银行	1.54	2.96	2 067.21	2 879.67	406.11	678.46
农村商业银行	1.10	1.86	1 346.00	1 694.52	208.31	330.02
农村合作银行	0.00	0.00	5.58	7.32	1.60	2.71
农村信用社	2.98	13.84	3 047.56	3 855.41	391.15	606.17
村镇银行	0.14	0.28	180.76	255.71	30.86	45.55
外资银行	0.11	0.11	612.48	412.11	152.31	130.76
中国邮政储蓄银行	0.28	4.79	980.65	506.05	70.73	88.27
其他	0.03	94.74	190.12	5 258.32	99.27	2 933.16
合计	21.37	204.79	39 726.18	47 622.36	12 280.20	18 754.26

资金流量流向情况季报表

第四季度　　　　单位：万笔、亿元

城市商业银行		农村商业银行		农村合作银行	
笔数	金额	笔数	金额	笔数	金额
3.00	6.26	4.48	6.19	0.01	0.01
3 492.78	4 525.17	2 301.95	2 722.28	3.40	4.20
1 114.60	1 041.88	440.10	414.31	1.22	1.26
152.28	266.31	102.61	164.71	0.60	0.73
87.86	132.59	94.63	75.62	0.03	0.04
0.62	0.78	0.02	0.03	0.01	0.00
224.94	446.57	13.40	25.91	0.04	0.08
12.55	20.27	14.76	23.26	0.00	0.01
31.78	25.93	22.10	17.74	0.14	0.06
26.03	45.83	24.15	30.24	0.06	0.07
96.71	938.41	24.95	197.95	0.01	0.00
5 243.15	7 450.00	3 043.16	3 678.25	5.53	6.46

2016 年

资金流入 资金流出	农村信用社		村镇银行		外资银行	
	笔数	金额	笔数	金额	笔数	金额
政策性银行	11.04	48.17	0.25	0.35	0.07	0.06
国有商业银行	4 287.85	5 124.47	241.03	268.68	192.93	198.30
股份制商业银行	673.92	599.90	157.32	108.51	71.64	73.66
城市商业银行	232.93	415.42	14.13	25.02	16.06	18.43
农村商业银行	55.23	59.93	8.47	14.91	7.62	7.88
农村合作银行	0.03	0.06	0.00	0.01	0.01	0.01
农村信用社	132.90	80.07	20.01	37.15	7.08	5.82
村镇银行	24.53	43.15	1.16	2.00	0.31	0.39
外资银行	25.31	9.44	0.26	0.24	10.70	12.52
中国邮政储蓄银行	95.86	94.94	5.22	5.62	0.97	0.95
其他	522.70	322.99	5.88	24.54	0.57	25.26
合计	6 062.31	6 798.54	453.72	487.03	307.95	343.27

第四季度　　　　单位：万笔、亿元

中国邮政储蓄银行		其他		合计	
笔数	金额	笔数	金额	笔数	金额
4.00	7.07	0.08	0.13	57.86	180.25
3 006.78	1 992.21	171.59	612.98	48 175.52	54 312.02
314.46	192.93	33.67	204.03	10 525.64	10 439.37
126.20	80.65	0.91	32.62	3 120.58	4 564.99
114.54	78.54	0.46	9.80	1 924.25	2 405.70
0.27	0.24	0.00	0.00	8.16	11.18
336.20	245.13	2.67	25.85	4 178.93	5 342.01
16.52	16.45	0.10	1.40	281.70	408.47
7.57	3.17	0.07	3.92	862.84	615.99
28.30	3.55	3.33	1.92	1 235.58	782.23
36.17	97.02	0.20	1 932.90	976.60	11 825.28
3 991.00	2 716.97	213.08	2 825.55	71 347.65	90 887.50

同城清算业务情况季报表

2016年第四季度　　　　单位：万笔、亿元

项目 行别	笔数	金额
政策性银行	7.51	2 603.10
国有商业银行	4 730.29	153 957.26
股份制商业银行	1 328.59	101 006.38
城市商业银行	1 329.62	48 787.31
农村商业银行	623.28	21 004.36
农村合作银行	241.55	769.61
农村信用社	870.47	5 255.00
村镇银行	14.51	731.28
外资银行	150.47	6 666.63
中国邮政储蓄银行	430.90	2 474.62
其他	73.97	2 606.47
合计	9 801.16	345 862.02

银行业金融机构行内系统支付业务情况季报表

2016 年第四季度　　　　单位：万笔、亿元

项目 行别	笔数	金额
政策性银行	6.54	3 078.09
国有商业银行	595 450.87	1 782 423.78
股份制商业银行	82 375.98	856 763.80
城市商业银行	21 321.57	257 987.69
农村商业银行	32 690.70	166 424.41
农村合作银行	2 655.02	4 963.67
农村信用社	31 802.07	66 024.02
村镇银行	664.52	8 608.91
外资银行	135.65	245 283.69
中国邮政储蓄银行	17 547.76	14 570.44
合计	784 650.68	3 406 128.50

2016 年

行别 \ 项目	存现				取	
	柜面		ATM 等自助渠道		柜面	
	笔数	金额	笔数	金额	笔数	金额
国有商业银行	0.00	0.00	6.98	1.06	0.00	0.00
股份制商业银行	49.42	102.12	1.27	0.35	24.83	86.07
城市商业银行	57.65	224.46	3.08	0.76	54.42	261.77
农村商业银行	0.03	0.12	1.03	0.55	0.06	0.15
农村合作银行	1.01	3.74	0.00	0.00	1.26	5.53
农村信用社	0.02	0.11	0.06	0.01	0.06	0.30
村镇银行	0.64	3.43	0.02	0.01	0.90	5.48
外资银行	0.01	0.01	0.00	0.00	0.00	0.00
中国邮政储蓄银行	0.00	0.00	0.77	0.03	0.00	0.00
合计	108.76	334.00	13.21	2.76	81.54	359.31

交易情况季报表

第四季度　　　　单位：万笔、亿元

现		消费					
ATM 等自助渠道		POS（含移动 POS）		互联网		其他终端	
笔数	金额	笔数	金额	笔数	金额	笔数	金额
41 898.92	4 930.61	190 569.56	55 804.26	67 045.82	24 963.79	69 141.42	8 893.20
16 521.06	1 993.41	106 600.85	27 925.31	27 117.53	26 475.41	19 187.50	3 346.32
9 706.11	1 206.27	14 734.62	3 894.82	597.98	261.89	7 366.73	703.73
920.98	113.35	3 052.51	1 042.71	183.74	30.95	1 256.63	88.77
11.42	1.70	33.11	18.25	0.28	0.03	12.38	0.51
1 536.28	166.07	4 004.79	2 108.38	246.03	152.59	2 024.34	315.45
448.48	63.46	209.63	120.61	9.41	1.36	381.53	21.25
110.17	19.18	304.06	62.74	32.99	3.42	76.44	2.69
6 964.89	602.05	16 017.60	4 980.86	10 322.26	1 333.81	10 724.88	1 090.85
78 118.30	9 096.10	335 526.71	95 957.94	105 556.02	53 223.26	110 171.85	14 462.78

2016 年

项目 行别	转			
	POS 机（含移动 POS 机）		电话终端	
	笔数	金额	笔数	金额
国有商业银行	19.62	6.92	97.47	122.48
股份制商业银行	6.48	3.46	4.10	5.63
城市商业银行	13.56	5.97	2.40	2.04
农村商业银行	2.26	1.43	0.19	0.52
农村合作银行	0.00	0.00	0.00	0.00
农村信用社	19.70	4.26	37.51	124.25
村镇银行	1.78	0.88	0.45	0.33
外资银行	0.00	0.00	0.00	0.00
中国邮政储蓄银行	3.91	4.69	25.96	25.45
合计	67.31	27.63	168.07	280.71

交易情况季报表

第四季度 单位：万笔、亿元

账						合计	
互联网		柜面		其他终端			
笔数	金额	笔数	金额	笔数	金额	笔数	金额
34.92	845.50	0.00	0.00	6 258.31	5 235.73	375 073.03	100 803.54
17.48	760.00	0.31	3.06	659.09	313.87	170 189.91	61 015.02
2.05	42.90	2.68	22.67	820.15	466.97	33 361.42	7 094.26
0.00	0.00	0.02	0.20	192.55	82.26	5 609.99	1 361.03
0.00	0.00	0.29	3.75	8.88	6.74	68.63	40.26
0.00	0.00	0.00	0.00	279.93	132.32	8 148.72	3 003.74
0.07	0.34	0.08	0.54	74.83	46.46	1 127.82	264.15
0.00	0.00	0.00	0.00	3.28	2.27	526.94	90.31
0.05	0.01	0.00	0.00	1 101.85	605.04	45 162.16	8 642.80
54.58	1 648.75	3.38	30.22	9 398.87	6 891.67	639 268.62	182 315.11

三、银行结算账户类报表

银行结算账户数量

2016 年

账户性质 / 行别	本地存款人					异地存							
	基本存款账户	一般存款账户	专用存款账户	临时存款账户	小计	基本存款账户				一般存款账户			
						同一地市	同一省市	不同省市	小计	同一地市	同一省市	不同省市	小计
政策性银行	50 796	51 069	83 756	1 154	186 775	1 721	79	54	1 854	9 226	29 985	4 782	43 993
国有商业银行	17 860 701	4 857 799	1 944 767	50 607	24 713 874	234 417	40 883	29 541	304 841	306 246	186 577	210 660	703 483
股份制商业银行	3 282 696	2 225 019	212 298	6 334	5 726 347	40 296	12 477	20 656	73 429	187 167	196 002	206 640	589 809
城市商业银行	3 525 988	1 779 429	229 678	13 707	5 548 802	63 114	9 211	9 327	81 652	156 105	108 028	96 648	360 781
农村商业银行	2 325 479	511 283	107 564	3 189	2 947 515	27 865	4 970	2 927	35 762	37 668	22 151	18 731	78 550
城市信用社	16 360	2 093	491	119	19 063	309	20	5	334	242	179	237	658
农村信用社	4 473 243	971 629	326 013	18 916	5 789 801	52 142	8 711	3 225	64 078	107 436	43 640	24 663	175 739
外资银行	26 892	91 730	8 340	35	126 997	210	64	1 510	1 784	4 984	10 549	33 488	49 021
中国邮政储蓄银行	348 085	232 807	45 750	3 049	629 691	3 846	531	222	4 599	14 977	7 514	4 987	27 478
其他	342 750	275 352	30 442	1 817	650 361	3 560	1 073	752	5 385	21 930	9 221	8 283	39 434
合计	32 253 036	10 998 256	2 989 145	98 973	46 339 410	427 480	78 019	68 219	573 718	845 981	613 846	609 119	2 068 946

季报表（按行别）

第四季度 单位：户

款人									个人银行账户	合计
专用存款账户				临时存款账户				小计		
同一地市	同一省市	不同省市	小计	同一地市	同一省市	不同省市	小计			
6 133	1 870	432	8 435	170	434	553	1 157	55 439	59	242 273
46 146	31 799	52 260	130 205	6 646	26 288	41 262	74 196	1 212 541	5 031 022 106	5 056 948 521
7 866	11 650	73 145	92 661	132	804	2 587	3 523	759 422	803 636 769	810 122 538
11 205	6 665	18 556	36 426	776	3 006	3 265	7 047	485 906	410 925 446	416 960 154
3 483	3 491	2 307	9 281	220	630	900	1 750	125 343	261 808 782	264 881 640
10	8	12	30	8	49	20	77	1 099	2 382 430	2 402 592
11 386	8 134	2 560	22 080	1 855	5 180	3 071	10 106	272 003	857 265 606	863 327 410
377	725	1 593	2 695			18	18	53 518	4 112 105	4 292 620
2 158	983	1 169	4 310	303	984	1 033	2 320	38 707	906 124 087	906 792 485
1 104	1 204	2 610	4 918	216	608	753	1 577	51 314	25 878 844	26 580 519
89 868	66 529	154 644	311 041	10 326	37 983	53 462	101 771	3 055 292	8 303 156 234	8 352 550 752

2016 年

注册资金规模 / 账户性质 / 行别	100 万元以下				100 万～1 000 万元			
	基本存款账户	一般存款账户	专用存款账户	临时存款账户	基本存款账户	一般存款账户	专用存款账户	临时存款账户
政策性银行	20 141	15 857	25 453	1 117	16 360	13 440	18 399	98
国有商业银行	13 252 825	2 299 650	1 155 239	50 700	3 630 340	1 718 704	381 736	11 890
股份制商业银行	2 372 957	1 001 022	97 571	5 402	738 261	829 200	32 123	284
城市商业银行	2 633 328	827 643	109 024	11 896	706 820	689 873	55 146	965
农村商业银行	1 955 919	275 645	74 467	3 386	334 013	180 546	17 724	286
城市信用社	14 422	1 209	297	130	1 883	850	116	31
农村信用社	3 282 697	471 843	223 136	16 294	742 922	393 578	55 123	1 902
外资银行	21 345	38 701	2 464	34	4 853	38 799	2 134	3
中国邮政储蓄银行	292 829	110 408	34 892	2 928	44 651	80 799	5 743	322
其他	276 178	124 612	17 349	1 926	56 011	102 426	5 945	201
合计	24 122 641	5 166 590	1 739 892	93 813	6 276 114	4 048 215	574 189	15 982

（按注册资金规模）

第四季度 单位：户

1 000 万～1 亿元				1 亿元以上				小计				合计
基本存款账户	一般存款账户	专用存款账户	临时存款账户	基本存款账户	一般存款账户	专用存款账户	临时存款账户	基本存款账户	一般存款账户	专用存款账户	临时存款账户	
12 655	29 782	29 317	425	3 494	35 983	19 022	671	52 650	95 062	92 191	2 311	242 214
877 158	1 142 170	312 618	24 925	405 219	400 758	225 379	37 288	18 165 542	5 561 282	2 074 972	124 803	25 926 599
175 835	672 746	52 327	799	69 072	311 860	122 938	3 372	3 356 125	2 814 828	304 959	9 857	6 485 769
145 518	455 929	55 699	2 878	121 974	166 765	46 235	5 015	3 607 640	2 140 210	266 104	20 754	6 034 708
66 274	105 656	15 344	644	5 035	27 986	9 310	623	2 361 241	589 833	116 845	4 939	3 072 858
350	526	84	27	39	166	24	8	16 694	2 751	521	196	20 162
134 171	219 887	43 079	5 282	377 531	62 060	26 755	5 544	4 537 321	1 147 368	348 093	29 022	6 061 804
1 839	38 923	3 244	1	639	24 328	3 193	15	28 676	140 751	11 035	53	180 515
6 621	51 255	5 496	1 096	8 583	17 823	3 929	1 023	352 684	260 285	50 060	5 369	668 398
10 761	65 889	7 352	734	5 185	21 859	4 714	533	348 135	314 786	35 360	3 394	701 675
1 431 182	2 782 763	524 560	36 811	996 771	1 069 588	461 499	54 092	32 826 708	13 067 156	3 300 140	200 698	49 394 702

银行结算账户数量

2016 年

行业分类 / 账户性质 / 行别	A 农、林、牧、渔业				B 采掘业			
	基本存款账户	一般存款账户	专用存款账户	临时存款账户	基本存款账户	一般存款账户	专用存款账户	临时存款账户
政策性银行	22 449	7 221	21 740	76	75	755	141	
国有商业银行	804 307	205 961	61 937	2 558	92 978	44 138	20 162	901
股份制商业银行	33 367	69 749	2 784	91	2 796	18 960	1 019	16
城市商业银行	123 218	84 711	8 716	436	8 308	16 048	2 476	62
农村商业银行	232 916	23 717	6 478	170	5 995	2 982	818	16
城市信用社	808	122	15	8	245	101	9	
农村信用社	764 464	75 576	26 170	1 111	32 978	14 321	4 941	170
外资银行	162	1 858	69		34	437	12	
中国邮政储蓄银行	27 008	16 856	2 122	148	1 295	3 049	312	20
其他	26 952	24 365	1 324	94	761	2 737	205	14
合计	2 035 651	510 136	131 355	4 692	145 465	103 528	30 095	1 199

季报表（按行业归属）

第四季度　　　　　　　　　　　　　　　　　　　　　　　　　　单位：户

C 制造业				D 电力、燃气及水的生产和供应业				E 建筑业			
基本存款账户	一般存款账户	专用存款账户	临时存款账户	基本存款账户	一般存款账户	专用存款账户	临时存款账户	基本存款账户	一般存款账户	专用存款账户	临时存款账户
2 334	8 861	4 616	31	536	4 212	1 345	33	1 417	14 969	5 489	951
1 908 506	1 026 858	189 032	2 750	109 487	57 021	34 219	1 681	723 795	345 822	115 696	59 641
132 643	446 840	17 948	208	9 141	25 066	1 902	55	100 303	145 254	11 995	3 258
240 249	361 218	21 246	408	12 670	18 820	2 615	154	129 039	142 457	23 068	6 400
406 258	142 698	14 568	134	10 340	4 797	803	60	75 564	37 806	4 938	1 293
1 652	452	34	6	106	47	6	2	455	268	42	40
638 012	244 257	15 388	718	36 746	12 478	4 551	294	128 368	72 484	15 043	9 054
2 048	45 914	3 422	1	43	1 019	60		571	2 943	169	18
15 404	17 209	737	106	1 958	4 635	707	69	9 191	14 006	2 725	2 033
21 646	66 377	2 833	182	1 085	2 842	270	42	11 233	19 231	2 090	1 141
3 368 752	2 390 684	269 824	4 544	182 112	130 937	46 478	2 390	1 179 936	795 240	181 255	83 829

2016 年

行业分类 / 账户性质 / 行别	F交通运输、仓储和邮政业				G信息传输、计算机服务和软件业			
	基本存款账户	一般存款账户	专用存款账户	临时存款账户	基本存款账户	一般存款账户	专用存款账户	临时存款账户
政策性银行	3 550	3 463	4 937	63	59	904	82	7
国有商业银行	408 087	135 770	67 070	4 045	671 957	161 420	67 888	724
股份制商业银行	48 056	59 973	3 495	221	270 732	125 450	7 478	80
城市商业银行	57 142	44 024	4 935	525	158 078	71 899	5 387	76
农村商业银行	44 300	12 481	1 187	173	49 101	11 570	716	10
城市信用社	233	63	12	4	420	34		
农村信用社	66 810	25 130	5 253	1 216	72 772	18 836	1 770	68
外资银行	516	3 751	212		1 968	5 597	305	
中国邮政储蓄银行	7 280	9 038	3 396	158	11 552	6 871	816	20
其他	6 157	7 378	570	90	14 698	7 065	1 050	13
合计	642 131	301 071	91 067	6 495	1 251 337	409 646	85 492	998

季报表（按行业归属）

第四季度　　　　　　　　　　　　　　　　　　单位：户

H批发和零售业				I住宿和餐饮业				J金融业			
基本存款账户	一般存款账户	专用存款账户	临时存款账户	基本存款账户	一般存款账户	专用存款账户	临时存款账户	基本存款账户	一般存款账户	专用存款账户	临时存款账户
7 477	7 302	7 711	31	131	252	111		1 972	1 769	6 764	
7 000 539	1 779 037	350 008	4 965	426 503	96 147	22 718	305	82 589	47 433	131 601	220
1 336 072	979 293	24 616	507	78 015	39 008	1 248	50	29 252	38 063	119 898	56
1 564 397	730 654	35 331	1 529	83 959	34 136	2 171	115	19 674	15 442	26 309	41
789 359	186 876	8 786	124	56 977	9 283	473	16	4 448	4 122	6 798	13
6 760	888	27	7	456	42	8		71	14	30	4
1 272 422	360 397	16 323	1 792	97 562	20 028	1 690	140	11 305	7 037	14 120	116
11 415	39 761	2 409	2	883	1 854	132		593	2 024	1 491	1
160 643	75 595	1 321	122	9 762	3 830	106	5	2 653	1 783	3 391	3
139 238	88 738	5 171	93	9 020	5 457	652	8	1 970	3 847	5 359	13
12 291 322	4 248 541	451 703	9 172	763 268	210 037	29 309	639	154 527	121 534	315 761	467

2016 年

行业分类 / 账户性质 / 行别	K 房地产业				L 租赁和商务服务业			
	基本存款账户	一般存款账户	专用存款账户	临时存款账户	基本存款账户	一般存款账户	专用存款账户	临时存款账户
政策性银行	801	8 322	3 845	27	499	4 545	1 769	17
国有商业银行	291 790	350 772	127 449	2 576	1 092 334	234 741	107 746	1 759
股份制商业银行	49 956	131 284	18 689	76	358 646	167 367	22 020	222
城市商业银行	43 923	96 070	17 870	253	184 935	88 340	7 581	234
农村商业银行	21 425	27 157	7 894	91	78 237	21 157	1 894	52
城市信用社	236	142	29	8	365	67	4	2
农村信用社	41 070	59 045	18 381	574	93 854	33 288	3 236	222
外资银行	399	6 307	462	1	4 338	9 709	969	2
中国邮政储蓄银行	3 310	15 844	2 325	78	15 004	7 716	475	103
其他	4 143	12 718	1 755	59	30 448	15 051	2 613	54
合计	457 053	707 661	198 699	3 743	1 858 660	581 981	148 307	2 667

季报表（按行业归属）

第四季度 单位：户

M 科学研究、技术服务和地质勘查业				N 水利、环境和公共设施管理业				O 居民服务和其他服务业			
基本存款账户	一般存款账户	专用存款账户	临时存款账户	基本存款账户	一般存款账户	专用存款账户	临时存款账户	基本存款账户	一般存款账户	专用存款账户	临时存款账户
112	996	202	14	1 989	5 594	6 553	265	594	4 596	1 782	34
299 502	61 063	34 689	1 334	105 418	36 496	33 423	6 810	1 744 160	333 296	94 313	4 465
88 932	41 156	3 145	70	13 846	21 585	3 099	481	338 856	171 974	12 518	613
39 162	25 392	2 613	135	17 774	17 605	5 259	1 096	347 337	131 547	14 196	1 002
21 852	5 225	364	21	10 250	4 186	1 219	395	185 724	32 300	7 299	229
120	19	7	1	64	19	14	11	1 902	154	28	5
17 981	7 444	880	143	24 546	7 990	5 423	1 829	358 312	63 702	19 672	1 269
687	2 063	155		58	459	16		1 706	5 308	272	1
3 929	1 702	146	47	1 886	1 984	996	681	47 460	16 547	2 729	405
4 142	2 986	500	15	1 395	2 768	606	316	34 039	17 730	2 397	120
476 419	148 046	42 701	1 780	177 226	98 686	56 608	11 884	3 060 090	777 154	155 206	8 143

2016 年

行业分类 / 账户性质 / 行别	P 教育				Q 卫生、社会保障和社会福利业			
	基本存款账户	一般存款账户	专用存款账户	临时存款账户	基本存款账户	一般存款账户	专用存款账户	临时存款账户
政策性银行	118	529	241	14	148	707	527	9
国有商业银行	195 097	29 928	66 855	420	165 168	44 902	86 099	799
股份制商业银行	22 514	14 309	3 357	33	14 749	14 849	3 246	69
城市商业银行	36 947	10 678	8 794	75	27 173	15 251	9 773	185
农村商业银行	27 329	2 616	5 352	71	21 746	3 478	4 809	70
城市信用社	128	7	7	2	143	24	42	5
农村信用社	85 169	5 748	21 789	294	66 658	8 863	24 795	485
外资银行	122	279	27		65	241	11	
中国邮政储蓄银行	5 664	1 489	1 650	21	4 375	4 130	6 211	75
其他	3 567	1 616	664	29	1 969	2 161	816	34
合计	376 655	67 199	108 736	959	302 194	94 606	136 329	1 731

季报表（按行业归属）

第四季度　　　　　　　　　　　　　　　　　　　　　　　　　　单位：户

R文化、教育和娱乐业				S公共管理与社会组织				T其他行业			
基本存款账户	一般存款账户	专用存款账户	临时存款账户	基本存款账户	一般存款账户	专用存款账户	临时存款账户	基本存款账户	一般存款账户	专用存款账户	临时存款账户
142	653	261	9	1 121	5 119	7 802	90	7 126	14 293	16 273	640
340 167	53 304	36 928	1 135	463 379	43 495	233 520	9 160	1 239 779	473 678	193 619	18 555
99 949	32 948	5 164	412	29 509	15 643	11 147	952	298 791	256 057	30 191	2 387
65 806	21 424	3 377	350	62 000	16 120	29 251	1 811	385 849	198 374	35 136	5 867
30 636	4 525	931	49	77 849	6 250	25 061	564	210 935	46 607	16 457	1 388
210	19	7	10	374	26	137	23	1 946	243	63	58
48 763	8 122	3 387	189	206 712	11 510	92 382	2 350	472 817	91 112	52 899	6 988
710	918	44	13	200	200	40	3	2 158	10 109	758	11
5 903	2 419	459	28	12 725	4 800	13 239	891	2 682	20 782	6 197	356
5 550	2 629	431	23	5 991	4 699	3 399	264	24 131	24 391	2 655	790
597 836	126 961	50 989	2 218	859 860	107 862	415 978	16 108	2 646 214	1 135 646	354 248	37 040

银行结算账户数量

2016 年

行业分类 / 账户性质 / 行别	小	
	基本存款账户	一般存款账户
政策性银行	52 650	95 062
国有商业银行	18 165 542	5 561 282
股份制商业银行	3 356 125	2 814 828
城市商业银行	3 607 640	2 140 210
农村商业银行	2 361 241	589 833
城市信用社	16 694	2 751
农村信用社	4 537 321	1 147 368
外资银行	28 676	140 751
中国邮政储蓄银行	352 684	260 285
其他	348 135	314 786
合计	32 826 708	13 067 156

季报表（按行业归属）

第四季度 单位：户

计		合计
专用存款账户	临时存款账户	
92 191	2 311	242 214
2 074 972	124 803	25 926 599
304 959	9 857	6 485 769
266 104	20 754	6 034 708
116 845	4 939	3 072 858
521	196	20 162
348 093	29 022	6 061 804
11 035	53	180 515
50 060	5 369	668 398
35 360	3 394	701 675
3 300 140	200 698	49 394 702

银行结算账户数量季报表

2016 年

存款人类别 / 账户性质 / 行别	企业法人				非法人企业				机关、事业单位			
	基本存款账户	一般存款账户	专用存款账户	临时存款账户	基本存款账户	一般存款账户	专用存款账户	临时存款账户	基本存款账户	一般存款账户	专用存款账户	临时存款账户
政策性银行	45 390	82 357	73 109	1 138	2 560	2 477	4 618	14	2 900	8 514	14 042	7
国有商业银行	11 929 333	4 803 956	1 281 441	70 234	1 302 269	285 529	157 585	3 314	536 402	75 854	576 716	381
股份制商业银行	2 523 432	2 540 972	248 906	3 450	238 546	96 886	23 924	58	14 012	22 762	25 941	12
城市商业银行	2 264 249	1 906 754	174 980	6 818	234 242	82 309	10 743	191	62 603	29 143	71 837	28
农村商业银行	1 221 761	501 728	51 439	1 625	282 582	33 938	5 583	79	47 276	8 267	39 584	5
城市信用社	8 654	2 343	220	69	1 104	146	17	7	422	68	261	
农村信用社	2 042 542	980 882	119 451	9 657	389 243	56 076	11 230	391	181 717	19 418	182 581	43
外资银行	19 498	132 637	9 711	18	2 244	5 037	258		5	88	34	
中国邮政储蓄银行	155 337	210 342	13 732	2 252	23 289	17 488	5 525	56	10 406	8 009	28 350	7
其他	227 832	273 716	25 042	1 483	31 055	13 656	2 094	72	2 599	4 616	6 001	6
合计	20 438 028	11 435 687	1 998 031	96 744	2 507 134	593 542	221 577	4 182	858 342	176 739	945 347	489

（按存款人类别）

第四季度 单位：户

社会团体				民办非企业组织				异地常设机构			
基本存款账户	一般存款账户	专用存款账户	临时存款账户	基本存款账户	一般存款账户	专用存款账户	临时存款账户	基本存款账户	一般存款账户	专用存款账户	临时存款账户
303	118	17		114	152	35		1		1	
341 378	12 059	7 361	3	177 570	28 984	11 756	3	6 470	511	410	6
35 022	6 315	874		20 294	10 903	1 790	1	1 521	230	32	
61 087	4 458	1 358		43 486	9 737	1 206	2	1 192	217	24	
52 393	1 720	4 606		25 822	2 677	775	2	62	19	3	
345	6	10		205	8			2			
101 012	2 171	2 423	2	75 081	5 777	1 077	1	225	46	21	
203	74	5		43	138	5		13	16	1	
8 212	846	488		5 812	1 583	272		6	8	3	
6 242	1 230	474		4 755	1 780	226		50	9	2	
606 197	28 997	17 616	5	353 182	61 739	17 142	9	9 542	1 056	497	6

2016 年

存款人类别 / 账户性质 / 行别	外国驻华机构				个体工商户				居民委员会、村民委员会、社区委员会			
	基本存款账户	一般存款账户	专用存款账户	临时存款账户	基本存款账户	一般存款账户	专用存款账户	临时存款账户	基本存款账户	一般存款账户	专用存款账户	临时存款账户
政策性银行	1	7			748	739	113		22	176	14	
国有商业银行	11 619	744	607	6	3 589 871	310 549	17 046	295	30 757	11 167	5 283	
股份制商业银行	3 648	506	31		494 248	119 637	927	3	1 001	2 086	281	
城市商业银行	1 139	127	25		890 502	92 367	2 506	17	6 656	4 313	1 452	
农村商业银行	60	15			584 712	35 087	1 687	37	55 339	2 185	9 248	
城市信用社					5 750	166	3	1	63	7	5	
农村信用社	83	16		1	1 215 721	69 429	2 633	43	211 450	5 096	22 018	
外资银行	617	359	92		1 673	717	5		2	8		
中国邮政储蓄银行	11	3			136 312	16 786	159	3	3 156	1 954	911	
其他	36	26	7		54 447	13 328	145	19	1 988	2 662	506	
合计	17 214	1 803	762	7	6 973 984	658 805	25 224	418	310 434	29 654	39 718	

（按存款人类别）

第四季度　　　　　　　　　　　　　　　　　　　　　　　　　　单位：户

单位设立的独立核算的附属机构				其他组织				小　计				合计
基本存款账户	一般存款账户	专用存款账户	临时存款账户	基本存款账户	一般存款账户	专用存款账户	临时存款账户	基本存款账户	一般存款账户	专用存款账户	临时存款账户	
45	15	12		566	507	230	1 152	52 650	95 062	92 191	2 311	242 214
25 558	1 037	1 855	20	214 315	30 892	14 912	50 541	18 165 542	5 561 282	2 074 972	124 803	25 926 599
1 517	275	81		22 884	14 256	2 172	6 333	3 356 125	2 814 828	304 959	9 857	6 485 769
4 361	339	138	1	38 123	10 446	1 835	13 697	3 607 640	2 140 210	266 104	20 754	6 034 708
4 830	101	62		86 404	4 096	3 858	3 191	2 361 241	589 833	116 845	4 939	3 072 858
21				128	7	5	119	16 694	2 751	521	196	20 162
11 560	264	451	1	308 687	8 193	6 208	18 883	4 537 321	1 147 368	348 093	29 022	6 061 804
2				4 376	1 677	924	35	28 676	140 751	11 035	53	180 515
232	143	96	2	9 911	3 123	524	3 049	352 684	260 285	50 060	5 369	668 398
271	42	13		18 860	3 721	850	1 814	348 135	314 786	35 360	3 394	701 675
48 397	2 216	2 708	24	704 254	76 918	31 518	98 814	32 826 708	13 067 156	3 300 140	200 698	49 394 702

附录三

支付业务地域及行别分布状况

表格 1　票据业务量分地区（按业务笔数）

单位：万笔

地区	业务量	地区	业务量
北京	540.72	湖北	198.28
天津	184.17	湖南	171.37
河北	222.58	广东	720.79
山西	125.92	广西	125.41
内蒙古	164.23	海南	36.87
辽宁	427.96	重庆	168.32
吉林	125.27	四川	394.43
黑龙江	187.70	贵州	156.19
上海	259.29	云南	244.42
江苏	692.41	西藏	34.56
浙江	632.69	陕西	165.47
安徽	229.90	甘肃	154.17
福建	212.87	青海	38.73
江西	106.58	宁夏	62.69
山东	468.15	新疆	276.86
河南	190.73	深圳	132.15

表格 2　票据业务量分地区（按业务金额）

单位：亿元

地区	业务量	地区	业务量
北京	41 345.26	湖北	17 210.80
天津	10 800.53	湖南	13 031.89
河北	12 427.06	广东	47 206.60
山西	9 086.96	广西	6 754.65
内蒙古	8 395.69	海南	4 282.75
辽宁	16 570.43	重庆	14 939.53
吉林	5 995.18	四川	16 926.68
黑龙江	4 953.53	贵州	13 521.08
上海	11 603.70	云南	10 662.25
江苏	68 005.62	西藏	1 391.06
浙江	37 368.35	陕西	8 939.23
安徽	17 832.87	甘肃	5 246.83
福建	15 969.72	青海	1 840.41
江西	10 159.43	宁夏	2 469.90
山东	28 628.09	新疆	6 712.93
河南	16 393.60	深圳	18 063.35

表格3　票据业务量分行别（按业务笔数）

行别	排名	行别	排名
中国工商银行	1	友利银行	30
农村商业银行	2	花旗银行	31
城市商业银行	3	国家开发银行	32
中国农业银行	4	瑞穗银行	33
中国建设银行	5	三井住友银行	34
农村信用社	6	渣打银行	35
中国银行	7	新韩银行	36
交通银行	8	厦门国际银行	37
上海浦东发展银行	9	南洋商业银行	38
中信银行	10	富邦华一银行	39
中国邮政储蓄银行	11	外国银行分行	40
招商银行	12	中德住房储蓄银行	41
兴业银行	13	德意志银行	42
中国民生银行	14	星展银行	43
村镇银行	15	恒生银行	44
农村合作银行	16	集友银行	45
华夏银行	17	大华银行	46
中国光大银行	18	华侨永亨银行	47
广发银行	19	摩根大通银行	48
平安银行	20	首都银行	49
中国农业发展银行	21	盘谷银行	50
浙商银行	22	中国进出口银行	51
恒丰银行	23	大新银行	52
渤海银行	24	华商银行	53
东亚银行	25	法国巴黎银行	54
汇丰银行	26	法国兴业银行	55
韩亚银行	27	中信银行国际	56
三菱东京日联银行	28	国民银行	57
企业银行	29	华美银行	58

表格 4　票据业务量分行别（按业务金额）

行别	排名	行别	排名
中国工商银行	1	花旗银行	30
城市商业银行	2	中国进出口银行	31
中国建设银行	3	汇丰银行	32
农村商业银行	4	南洋商业银行	33
中国农业银行	5	韩亚银行	34
中国银行	6	华商银行	35
上海浦东发展银行	7	富邦华一银行	36
中信银行	8	三井住友银行	37
交通银行	9	三菱东京日联银行	38
兴业银行	10	瑞穗银行	39
农村信用社	11	德意志银行	40
招商银行	12	新韩银行	41
中国民生银行	13	星展银行	42
华夏银行	14	中德住房储蓄银行	43
国家开发银行	15	渣打银行	44
中国光大银行	16	友利银行	45
中国农业发展银行	17	恒生银行	46
中国邮政储蓄银行	18	摩根大通银行	47
村镇银行	19	大华银行	48
平安银行	20	盘谷银行	49
广发银行	21	首都银行	50
恒丰银行	22	华侨永享银行	51
农村合作银行	23	集友银行	52
渤海银行	24	大新银行	53
浙商银行	25	法国巴黎银行	54
厦门国际银行	26	中信银行国际	55
企业银行	27	法国兴业银行	56
外国银行分行	28	国民银行	57
东亚银行	29	华美银行	58

表格5　支票业务量分地区（按业务笔数）

单位：万笔

地区	业务量	地区	业务量
北京	533.43	湖北	182.69
天津	179.56	湖南	164.61
河北	211.04	广东	702.23
山西	119.69	广西	121.49
内蒙古	160.56	海南	36.38
辽宁	415.95	重庆	158.94
吉林	122.30	四川	388.08
黑龙江	185.27	贵州	152.81
上海	243.81	云南	242.90
江苏	590.23	西藏	34.53
浙江	530.75	陕西	159.52
安徽	216.01	甘肃	152.25
福建	205.78	青海	38.31
江西	101.08	宁夏	61.26
山东	415.13	新疆	273.16
河南	167.56	深圳	123.58

表格6　支票业务量分地区（按业务金额）

单位：亿元

地区	业务量	地区	业务量
北京	39 473.26	湖北	15 397.10
天津	9 337.84	湖南	12 025.56
河北	10 681.43	广东	44 495.18
山西	8 114.99	广西	6 100.43
内蒙古	7 710.87	海南	4 027.94
辽宁	14 129.93	重庆	13 726.21
吉林	5 249.66	四川	15 903.11
黑龙江	4 330.88	贵州	13 042.27
上海	7 423.18	云南	10 256.30
江苏	61 276.78	西藏	1 363.86
浙江	30 945.78	陕西	8 110.23
安徽	16 607.40	甘肃	4 758.42
福建	14 900.52	青海	1 718.91
江西	9 635.01	宁夏	2 275.10
山东	23 689.02	新疆	6 146.12
河南	14 316.67	深圳	16 631.62

表格7　支票业务量分行别（按业务笔数）

行别	排名	行别	排名
中国工商银行	1	三菱东京日联银行	29
农村商业银行	2	友利银行	30
城市商业银行	3	国家开发银行	31
中国农业银行	4	瑞穗银行	32
中国建设银行	5	新韩银行	33
农村信用社	6	三井住友银行	34
中国银行	7	渣打银行	35
交通银行	8	厦门国际银行	36
上海浦东发展银行	9	中德住房储蓄银行	37
中信银行	10	花旗银行	38
中国邮政储蓄银行	11	富邦华一银行	39
招商银行	12	外国银行分行	40
兴业银行	13	星展银行	41
农村合作银行	14	集友银行	42
村镇银行	15	南洋商业银行	43
中国民生银行	16	大华银行	44
华夏银行	17	恒生银行	45
广发银行	18	华侨永亨银行	46
中国光大银行	19	中国进出口银行	47
中国农业发展银行	20	德意志银行	48
平安银行	21	华商银行	49
恒丰银行	22	盘谷银行	50
渤海银行	23	大新银行	51
浙商银行	24	摩根大通银行	52
东亚银行	25	首都银行	53
汇丰银行	26	法国兴业银行	54
韩亚银行	27	法国巴黎银行	55
企业银行	28		

表格 8　支票业务量分行别（按业务金额）

行别	排名	行别	排名
中国工商银行	1	东亚银行	29
城市商业银行	2	中国进出口银行	30
中国建设银行	3	韩亚银行	31
农村商业银行	4	华商银行	32
中国农业银行	5	南洋商业银行	33
中国银行	6	汇丰银行	34
上海浦东发展银行	7	三井住友银行	35
中信银行	8	中德住房储蓄银行	36
交通银行	9	三菱东京日联银行	37
兴业银行	10	新韩银行	38
农村信用社	11	友利银行	39
招商银行	12	瑞穗银行	40
华夏银行	13	星展银行	41
中国民生银行	14	渣打银行	42
国家开发银行	15	大华银行	43
中国农业发展银行	16	恒生银行	44
中国光大银行	17	盘谷银行	45
中国邮政储蓄银行	18	集友银行	46
村镇银行	19	花旗银行	47
广发银行	20	大新银行	48
平安银行	21	华侨永亨银行	49
农村合作银行	22	首都银行	50
恒丰银行	23	富邦华一银行	51
渤海银行	24	法国兴业银行	52
浙商银行	25	法国巴黎银行	53
厦门国际银行	26	德意志银行	54
企业银行	27	摩根大通银行	55
外国银行分行	28		

表格 9　各地区支票出票人违规情况列表（按业务笔数）

单位：笔

地区	支票违规笔数	地区	支票违规笔数
北京	0	湖北	0
天津	368	湖南	0
河北	0	广东	310
山西	0	广西	0
内蒙古	0	海南	0
辽宁	1 077	重庆	0
吉林	1	四川	0
黑龙江	0	贵州	0
上海	2 793	云南	43
江苏	52	西藏	0
浙江	675	陕西	13
安徽	0	甘肃	0
福建	0	青海	0
江西	0	宁夏	0
山东	133	新疆	473
河南	0	深圳	2 760

表格 10　各地区支票出票人违规情况列表（按业务金额）

单位：万元

地区	支票违规金额	地区	支票违规金额
北京	0. 00	湖北	0. 00
天津	2 054. 80	湖南	0. 00
河北	0. 00	广东	90 489. 18
山西	0. 00	广西	0. 00
内蒙古	0. 00	海南	0. 00
辽宁	16 383. 69	重庆	0. 00
吉林	4	四川	0. 00
黑龙江	0. 00	贵州	0. 00
上海	23 715. 07	云南	312. 52
江苏	314. 56	西藏	0. 00
浙江	60 528. 32	陕西	76. 41
安徽	0. 00	甘肃	0. 00
福建	0. 00	青海	0. 00
江西	0. 00	宁夏	0. 00
山东	2 958. 70	新疆	6 397. 49
河南	0. 00	深圳	14 981. 82

表格 11　商业汇票业务分地区（按业务笔数）

单位：万笔

地区	业务量	地区	业务量
北京	6.98	湖北	15.51
天津	4.44	湖南	6.42
河北	10.49	广东	18.45
山西	6.06	广西	3.59
内蒙古	3.65	海南	0.46
辽宁	11.49	重庆	9.35
吉林	2.76	四川	6.30
黑龙江	2.27	贵州	3.00
上海	11.23	云南	1.50
江苏	76.13	西藏	0.03
浙江	70.91	陕西	5.81
安徽	12.64	甘肃	1.92
福建	6.32	青海	0.41
江西	5.34	宁夏	1.39
山东	51.10	新疆	3.64
河南	22.96	深圳	8.51

表格 12　商业汇票业务分地区（按业务金额）

单位：亿元

地区	业务量	地区	业务量
北京	1 821.89	湖北	1 797.82
天津	1 412.22	湖南	805.77
河北	1 692.25	广东	2 698.40
山西	877.15	广西	640.79
内蒙古	682.25	海南	253.41
辽宁	2 416.51	重庆	1 208.77
吉林	731.31	四川	1 013.57
黑龙江	581.05	贵州	460.76
上海	3 783.10	云南	405.06
江苏	4 825.68	西藏	27.20
浙江	3 855.13	陕西	788.45
安徽	1 094.76	甘肃	483.43
福建	1 048.83	青海	121.48
江西	502.79	宁夏	191.63
山东	4 849.80	新疆	556.30
河南	2 031.10	深圳	1 428.59

表格 13 商业汇票业务量分行别（按业务笔数）

行别	排名	行别	排名
城市商业银行	1	渣打银行	29
农村商业银行	2	三井住友银行	30
上海浦东发展银行	3	三菱东京日联银行	31
中国工商银行	4	德意志银行	32
中国银行	5	中国农业发展银行	33
中国农业银行	6	韩亚银行	34
中信银行	7	国家开发银行	35
交通银行	8	企业银行	36
中国民生银行	9	外国银行分行	37
招商银行	10	星展银行	38
建设银行	11	富邦华一银行	39
中国光大银行	12	厦门国际银行	40
兴业银行	13	新韩银行	41
华夏银行	14	恒生银行	42
浙商银行	15	华侨永亨银行	43
平安银行	16	友利银行	44
广发银行	17	摩根大通银行	45
村镇银行	18	首都银行	46
农村信用社	19	大华银行	47
中国邮政储蓄银行	20	盘谷银行	48
农村合作银行	21	法国巴黎银行	49
恒丰银行	22	大新银行	50
渤海银行	23	华商银行	51
花旗银行	24	法国兴业银行	52
汇丰银行	25	中信银行国际	53
东亚银行	26	国民银行	54
南洋商业银行	27	华美银行	55
瑞穗银行	28		

表格 14　商业汇票业务量分行别（按业务金额）

行别	排名	行别	排名
城市商业银行	1	南洋商业银行	29
中信银行	2	国家开发银行	30
中国工商银行	3	德意志银行	31
上海浦东发展银行	4	瑞穗银行	32
中国建设银行	5	三菱东京日联银行	33
农村商业银行	6	外国银行分行	34
中国农业银行	7	三井住友银行	35
交通银行	8	厦门国际银行	36
中国光大银行	9	新韩银行	37
招商银行	10	星展银行	38
中国银行	11	渣打银行	39
中国民生银行	12	韩亚银行	40
兴业银行	13	摩根大通银行	41
平安银行	14	企业银行	42
华夏银行	15	华商银行	43
中国邮政储蓄银行	16	恒生银行	44
浙商银行	17	首都银行	45
广发银行	18	盘谷银行	46
农村信用社	19	华侨永亨银行	47
恒丰银行	20	友利银行	48
渤海银行	21	大华银行	49
花旗银行	22	法国巴黎银行	50
农村合作银行	23	大新银行	51
村镇银行	24	中信银行国际	52
汇丰银行	25	法国兴业银行	53
富邦华一银行	26	国民银行	54
中国农业发展银行	27	华美银行	55
东亚银行	28		

表格 15　商业汇票逾期垫款金额分地区

单位：亿元

地区	业务量	地区	业务量
北京	16.65	湖北	57.05
天津	41.35	湖南	14.05
河北	50.99	广东	83.74
山西	45.97	广西	76.75
内蒙古	39.23	海南	0.36
辽宁	138.63	重庆	23.32
吉林	20.20	四川	43.28
黑龙江	8.90	贵州	43.31
上海	17.24	云南	51.98
江苏	79.21	西藏	0.00
浙江	112.68	陕西	13.53
安徽	13.53	甘肃	31.23
福建	78.42	青海	3.83
江西	34.86	宁夏	5.14
山东	101.71	新疆	3.05
河南	35.17	深圳	34.05

表格 16　商业汇票逾期垫款金额分行别

行别	排名	行别	排名
城市商业银行	1	中国民生银行	13
中国农业银行	2	广发银行	14
农村商业银行	3	中国建设银行	15
中国银行	4	中国工商银行	16
招商银行	5	恒丰银行	17
交通银行	6	兴业银行	18
华夏银行	7	渤海银行	19
上海浦东发展银行	8	农村合作银行	20
中信银行	9	外资银行	21
农村信用社	10	村镇银行	22
中国光大银行	11	中国农业发展银行	23
平安银行	12	浙商银行	24

表格 17　银行卡在用发卡数量分地区

单位：万张

地区	数量	地区	数量
北京	18 952.05	湖北	25 016.17
天津	10 555.06	湖南	23 352.94
河北	27 730.53	广东	54 707.29
山西	14 707.96	广西	15 164.04
内蒙古	10 973.86	海南	3 949.02
辽宁	21 314.97	重庆	14 030.18
吉林	9 702.00	四川	29 470.40
黑龙江	13 296.95	贵州	11 364.70
上海	17 647.36	云南	13 098.07
江苏	43 897.08	西藏	488.61
浙江	34 671.02	陕西	16 478.95
安徽	21 136.43	甘肃	9 515.35
福建	21 151.62	青海	2 066.13
江西	14 441.24	宁夏	2 876.72
山东	45 732.79	新疆	8 826.84
河南	35 656.11	深圳	20 491.35

表格 18　银行卡在用发卡数量分行别

行别	排名	行别	排名
中国农业银行	1	浙商银行	21
中国建设银行	2	渤海银行	22
中国邮政储蓄银行	3	恒丰银行	23
中国工商银行	4	东亚银行	24
农村商业银行	5	花旗银行	25
中国银行	6	渣打银行	26
农村信用社	7	友利银行	27
城市商业银行	8	汇丰银行	28
交通银行	9	新韩银行	29
招商银行	10	韩亚银行	30
平安银行	11	南洋商业银行	31
光大银行	12	企业银行	32
中信银行	13	恒生银行	33
上海浦东发展银行	14	星展银行	34
民生银行	15	华侨永亨银行	35
兴业银行	16	大华银行	36
广发银行	17	中德住房储蓄银行	37
华夏银行	18	大新银行	38
农村合作银行	19	法国兴业银行	39
村镇银行	20		

表格 19 ATM 数量分地区

单位：万台

地区	数量	地区	数量
北京	3.07	湖北	3.68
天津	1.26	湖南	3.09
河北	4.09	广东	7.75
山西	2.23	广西	2.84
内蒙古	1.63	海南	0.84
辽宁	3.17	重庆	2.05
吉林	1.88	四川	5.05
黑龙江	1.97	贵州	1.97
上海	2.36	云南	2.80
江苏	6.23	西藏	0.20
浙江	6.34	陕西	2.48
安徽	2.82	甘肃	1.54
福建	3.25	青海	0.37
江西	2.57	宁夏	0.49
山东	6.19	新疆	1.80
河南	4.50	深圳	1.90

表格 20 ATM 数量分行别

行别	排名	行别	排名
中国农业银行	1	上海浦东发展银行	13
中国工商银行	2	中国光大银行	14
中国邮政储蓄银行	3	兴业银行	15
中国建设银行	4	华夏银行	16
农村商业银行	5	农村合作银行	17
农村信用社	6	村镇银行	18
城市商业银行	7	平安银行	19
中国银行	8	广发银行	20
交通银行	9	恒丰银行	21
中国民生银行	10	外资银行	22
招商银行	11	渤海银行	23
中信银行	12	浙商银行	24

表格 21　银行卡业务量分地区（按业务笔数）

单位：万笔

地区	业务量	地区	业务量
北京	145 631.81	湖北	127 183.38
天津	44 559.23	湖南	123 176.43
河北	140 236.38	广东	369 066.41
山西	69 435.12	广西	88 431.83
内蒙古	52 583.80	海南	26 537.13
辽宁	110 902.58	重庆	70 087.92
吉林	54 259.30	四川	179 451.11
黑龙江	63 703.04	贵州	57 422.35
上海	145 340.58	云南	73 162.89
江苏	248 695.84	西藏	4 389.65
浙江	269 800.91	陕西	82 809.80
安徽	93 199.57	甘肃	41 370.32
福建	170 722.72	青海	10 191.89
江西	66 129.34	宁夏	17 576.68
山东	222 981.35	新疆	46 909.41
河南	149 710.16	深圳	126 354.35

表格 22　银行卡业务量分地区（按业务金额）

单位：亿元

地区	业务量	地区	业务量
北京	87 902.42	湖北	61 150.12
天津	26 660.51	湖南	45 592.19
河北	116 827.13	广东	171 898.46
山西	33 769.79	广西	33 835.50
内蒙古	28 032.50	海南	10 330.94
辽宁	63 247.26	重庆	27 227.39
吉林	27 576.99	四川	64 093.60
黑龙江	35 348.25	贵州	20 863.04
上海	104 290.78	云南	31 210.76
江苏	149 152.82	西藏	2 049.37
浙江	201 763.54	陕西	35 291.07
安徽	55 703.51	甘肃	19 004.87
福建	99 495.97	青海	4 750.61
江西	33 980.09	宁夏	8 504.92
山东	130 359.19	新疆	23 781.21
河南	94 764.23	深圳	104 488.40

表格 23　银行卡业务量分行别（按业务笔数）

行别	排名	行别	排名
中国建设银行	1	恒丰银行	21
中国农业银行	2	浙商银行	22
中国工商银行	3	渤海银行	23
交通银行	4	花旗银行	24
中国银行	5	东亚银行	25
农村商业银行	6	渣打银行	26
招商银行	7	友利银行	27
农村信用社	8	汇丰银行	28
城市商业银行	9	新韩银行	29
民生银行	10	韩亚银行	30
中国邮政储蓄银行	11	企业银行	31
中信银行	12	南洋商业银行	32
上海浦东发展银行	13	恒生银行	33
广发银行	14	星展银行	34
光大银行	15	中德住房储蓄银行	35
平安银行	16	大华银行	36
兴业银行	17	华侨永亨银行	37
华夏银行	18	大新银行	38
农村合作银行	19	法国兴业银行	39
村镇银行	20		

表格 24　银行卡业务量分行别（按业务金额）

行别	排名	行别	排名
中国农业银行	1	浙商银行	21
交通银行	2	恒丰银行	22
中国工商银行	3	渤海银行	23
中国建设银行	4	东亚银行	24
农村商业银行	5	花旗银行	25
农村信用社	6	韩亚银行	26
城市商业银行	7	友利银行	27
招商银行	8	新韩银行	28
中国银行	9	渣打银行	29
民生银行	10	南洋商业银行	30
上海浦东发展银行	11	企业银行	31
中国邮政储蓄银行	12	汇丰银行	32
中信银行	13	中德住房储蓄银行	33
兴业银行	14	恒生银行	34
华夏银行	15	星展银行	35
平安银行	16	华侨永亨银行	36
广发银行	17	大华银行	37
光大银行	18	大新银行	38
农村合作银行	19	法国兴业银行	39
村镇银行	20		

表格 25　银行卡消费业务量分地区（按业务笔数）

单位：万笔

地区	业务量	地区	业务量
北京	66 113.77	湖北	45 961.42
天津	16 336.32	湖南	48 401.79
河北	41 830.56	广东	119 874.50
山西	23 177.69	广西	21 533.26
内蒙古	17 722.54	海南	7 101.40
辽宁	37 017.68	重庆	24 443.05
吉林	16 055.70	四川	51 092.19
黑龙江	17 222.43	贵州	13 838.00
上海	65 976.86	云南	20 955.09
江苏	85 754.49	西藏	1 048.44
浙江	75 899.21	陕西	28 359.84
安徽	29 165.59	甘肃	11 792.02
福建	74 194.58	青海	3 133.73
江西	19 221.32	宁夏	5 649.32
山东	73 804.15	新疆	11 153.90
河南	50 023.49	深圳	56 943.86

表格 26　银行卡消费业务量分地区（按业务金额）

单位：亿元

地区	业务量	地区	业务量
北京	9 087.57	湖北	5 464.87
天津	2 131.64	湖南	4 889.29
河北	5 597.39	广东	16 044.28
山西	2 608.96	广西	2 324.55
内蒙古	2 339.53	海南	926.48
辽宁	4 292.06	重庆	2 495.93
吉林	2 017.38	四川	5 377.88
黑龙江	2 724.40	贵州	1 592.87
上海	7 493.23	云南	3 010.87
江苏	11 128.91	西藏	139.52
浙江	12 601.85	陕西	2 842.11
安徽	3 923.97	甘肃	1 457.92
福建	7 958.34	青海	415.61
江西	2 781.96	宁夏	661.06
山东	9 705.06	新疆	1 589.54
河南	8 641.93	深圳	6 870.00

表格 27　银行卡消费业务量分行别（按业务笔数）

行别	排名	行别	排名
中国建设银行	1	村镇银行	21
中国银行	2	浙商银行	22
招商银行	3	渤海银行	23
中国工商银行	4	恒丰银行	24
交通银行	5	渣打银行	25
中国农业银行	6	汇丰银行	26
广发银行	7	友利银行	27
平安银行	8	东亚银行	28
中信银行	9	新韩银行	29
上海浦东发展银行	10	韩亚银行	30
城市商业银行	11	企业银行	31
光大银行	12	南洋商业银行	32
民生银行	13	星展银行	33
农村商业银行	14	恒生银行	34
兴业银行	15	大华银行	35
农村信用社	16	大新银行	36
华夏银行	17	华侨永亨银行	37
中国邮政储蓄银行	18	法国兴业银行	38
农村合作银行	19	中德住房储蓄银行	39
花旗银行	20		

表格 28　银行卡消费业务量分行别（按业务金额）

行别	排名	行别	排名
中国建设银行	1	渤海银行	21
中国农业银行	2	浙商银行	22
中国工商银行	3	花旗银行	23
中国银行	4	恒丰银行	24
广发银行	5	东亚银行	25
招商银行	6	渣打银行	26
农村商业银行	7	汇丰银行	27
城市商业银行	8	南洋商业银行	28
交通银行	9	友利银行	29
平安银行	10	星展银行	30
光大银行	11	恒生银行	31
民生银行	12	新韩银行	32
中信银行	13	韩亚银行	33
农村信用社	14	企业银行	34
上海浦东发展银行	15	大华银行	35
兴业银行	16	华侨永亨银行	36
华夏银行	17	法国兴业银行	37
中国邮政储蓄银行	18	中德住房储蓄银行	38
农村合作银行	19	大新银行	39
村镇银行	20		

表格 29　信用卡在用发卡数量分地区

单位：万张

地区	数量	地区	数量
北京	2 934. 31	湖北	1 341. 66
天津	778. 11	湖南	1 006. 79
河北	1 489. 07	广东	3 967. 92
山西	891. 55	广西	736. 98
内蒙古	747. 02	海南	208. 48
辽宁	1 336. 93	重庆	829. 54
吉林	535. 49	四川	1 408. 94
黑龙江	685. 56	贵州	420. 41
上海	2 394. 61	云南	811. 73
江苏	2 841. 23	西藏	11. 33
浙江	3 378. 76	陕西	930. 46
安徽	878. 63	甘肃	400. 41
福建	2 016. 66	青海	81. 94
江西	625. 55	宁夏	180. 44
山东	3 008. 24	新疆	398. 39
河南	1 782. 67	深圳	2 981. 93

表格 30　信用卡在用发卡数量分行别

行别	排名	行别	排名
中国工商银行	1	兴业银行	15
中国建设银行	2	华夏银行	16
交通银行	3	农村商业银行	17
招商银行	4	农村信用社	18
中国农业银行	5	外资银行	19
中信银行	6	花旗银行	20
广发银行	7	浙商银行	21
平安银行	8	农村合作银行	22
中国银行	9	东亚银行	23
上海浦东发展银行	10	渣打银行	24
民生银行	11	南洋商业银行	25
光大银行	12	渤海银行	26
中国邮政储蓄银行	13	村镇银行	27
城市商业银行	14		

表格 31　银行卡期末存款余额分地区

单位：亿元

地区	数量	地区	数量
北京	14 059.02	湖北	8 607.65
天津	3 057.47	湖南	8 062.73
河北	10 242.59	广东	22 611.81
山西	4 676.17	广西	5 567.51
内蒙古	4 398.59	海南	1 628.00
辽宁	6 836.22	重庆	4 950.28
吉林	3 616.23	四川	10 127.96
黑龙江	5 057.97	贵州	4 251.97
上海	11 320.81	云南	5 554.23
江苏	14 942.66	西藏	529.74
浙江	16 178.14	陕西	7 017.78
安徽	6 310.45	甘肃	4 196.89
福建	8 070.09	青海	1 092.96
江西	5 225.63	宁夏	1 080.70
山东	12 975.01	新疆	3 744.71
河南	11 444.38	深圳	8 499.82

表格 32　银行卡期末授信总额分地区

单位：亿元

地区	数量	地区	数量
北京	5 765.59	湖北	2 883.04
天津	1 431.97	湖南	2 340.00
河北	2 926.65	广东	8 018.25
山西	1 720.21	广西	1 596.15
内蒙古	1 746.45	海南	457.34
辽宁	3 064.87	重庆	1 993.58
吉林	1 116.57	四川	2 803.08
黑龙江	1 453.97	贵州	833.70
上海	5 749.01	云南	2 219.66
江苏	6 761.26	西藏	28.58
浙江	8 389.71	陕西	1 746.14
安徽	1 766.24	甘肃	809.10
福建	5 485.63	青海	260.64
江西	1 560.10	宁夏	338.42
山东	5 275.57	新疆	872.56
河南	3 952.94	深圳	5 987.31

表格 33　银行卡期末授信总额分行别

行别	排名	行别	排名
中国建设银行	1	兴业银行	15
中国工商银行	2	农村商业银行	16
招商银行	3	华夏银行	17
交通银行	4	农村信用社	18
中国银行	5	花旗银行	19
中国农业银行	6	浙商银行	20
广发银行	7	农村合作银行	21
上海浦东发展银行	8	东亚银行	22
中信银行	9	渤海银行	23
城市商业银行	10	南洋商业银行	24
中国光大银行	11	渣打银行	25
平安银行	12	村镇银行	26
民生银行	13	恒丰银行	27
中国邮政储蓄银行	14		

表格 34　银行卡应偿信贷余额分地区

单位：亿元

地区	数量	地区	数量
北京	1 903.60	湖北	1 331.72
天津	492.18	湖南	1 197.97
河北	1 268.24	广东	4 089.75
山西	716.41	广西	779.27
内蒙古	795.99	海南	225.42
辽宁	1 185.98	重庆	879.19
吉林	445.11	四川	1 235.73
黑龙江	510.75	贵州	457.45
上海	1 913.76	云南	932.52
江苏	2 687.78	西藏	7.94
浙江	4 118.79	陕西	709.04
安徽	811.81	甘肃	311.54
福建	2 947.04	青海	91.52
江西	767.07	宁夏	144.98
山东	2 389.52	新疆	311.74
河南	1 953.16	深圳	2 997.51

表格 35　银行卡应偿信贷余额分行别

行别	排名	行别	排名
中国工商银行	1	华夏银行	15
中国建设银行	2	农村商业银行	16
招商银行	3	中国邮政储蓄银行	17
交通银行	4	农村信用社	18
中国银行	5	农村合作银行	19
广发银行	6	花旗银行	20
上海浦东发展银行	7	东亚银行	21
中国农业银行	8	浙商银行	22
中信银行	9	南洋商业银行	23
中国光大银行	10	渤海银行	24
民生银行	11	渣打银行	25
平安银行	12	村镇银行	26
城市商业银行	13	恒丰银行	27
兴业银行	14		

表格 36　信用卡逾期账户透支余额（M_6+）分地区

单位：亿元

地区	数量	地区	数量
北京	33.21	湖北	15.46
天津	8.11	湖南	26.08
河北	12.06	广东	61.31
山西	9.25	广西	9.35
内蒙古	8.47	海南	1.51
辽宁	19.24	重庆	21.04
吉林	4.82	四川	24.95
黑龙江	6.84	贵州	4.53
上海	20.77	云南	14.79
江苏	32.69	西藏	0.02
浙江	51.69	陕西	6.34
安徽	10.10	甘肃	2.40
福建	36.09	青海	1.40
江西	9.80	宁夏	1.50
山东	26.27	新疆	1.84
河南	22.45	深圳	31.29

表格 37　信用卡逾期账户透支余额（M_6+）分行别

行别	排名	行别	排名
中国工商银行	1	农村商业银行	13
城市商业银行	2	平安银行	14
中国农业银行	3	中国邮政储蓄银行	15
交通银行	4	兴业银行	16
广发银行	5	华夏银行	17
招商银行	6	农村信用社	18
民生银行	7	农村合作银行	19
中国建设银行	8	南洋商业银行	20
中信银行	9	花旗银行	21
上海浦东发展银行	10	浙商银行	22
中国银行	11	东亚银行	23
中国光大银行	12	渤海银行	24

表格 38　贷记转账业务量分地区（按业务笔数）

单位：万笔

地区	业务量	地区	业务量
北京	10 703.96	湖北	5 914.92
天津	2 814.74	湖南	4 754.13
河北	5 491.01	广东	15 219.35
山西	2 452.77	广西	3 443.71
内蒙古	2 033.40	海南	801.85
辽宁	4 786.85	重庆	7 632.20
吉林	1 867.46	四川	5 869.08
黑龙江	3 020.14	贵州	2 092.95
上海	21 078.68	云南	2 678.43
江苏	12 064.75	西藏	129.36
浙江	29 962.64	陕西	3 679.50
安徽	6 141.86	甘肃	1 842.34
福建	9 751.59	青海	444.60
江西	3 077.03	宁夏	874.01
山东	16 144.54	新疆	1 776.81
河南	6 400.35	深圳	29 052.80

表格 39　贷记转账业务量分地区（按业务金额）

单位：亿元

地区	业务量	地区	业务量
北京	1 646 569.13	湖北	108 663.34
天津	89 148.34	湖南	81 044.91
河北	116 155.97	广东	487 498.26
山西	67 290.30	广西	39 920.59
内蒙古	51 027.91	海南	37 677.84
辽宁	145 353.91	重庆	101 311.88
吉林	91 132.30	四川	131 471.58
黑龙江	56 127.02	贵州	39 503.13
上海	987 936.65	云南	54 576.39
江苏	420 434.53	西藏	4 290.98
浙江	504 123.64	陕西	67 546.01
安徽	97 428.49	甘肃	38 685.87
福建	382 022.00	青海	9 219.46
江西	61 361.43	宁夏	10 755.25
山东	269 112.68	新疆	40 246.65
河南	101 002.92	深圳	641 426.31

表格 40　贷记转账业务量分行别（按业务笔数）

行别	排名	行别	排名
中国工商银行	1	星展银行	31
中国建设银行	2	东亚银行	32
农村商业银行	3	三井住友银行	33
中国农业银行	4	渤海银行	34
招商银行	5	中德住房储蓄银行	35
中国银行	6	瑞穗银行	36
城市商业银行	7	企业银行	37
农村信用社	8	国家开发银行	38
上海浦东发展银行	9	韩亚银行	39
兴业银行	10	法国巴黎银行	40
中国邮政储蓄银行	11	厦门国际银行	41
中国民生银行	12	友利银行	42
中信银行	13	富邦华一银行	43
平安银行	14	恒生银行	44
农村合作银行	15	大华银行	45
华夏银行	16	华侨永亨银行	46
中国光大银行	17	法国兴业银行	47
交通银行	18	中国进出口银行	48
广发银行	19	国民银行	49
村镇银行	20	华美银行	50
浙商银行	21	大新银行	51
花旗银行	22	浦发硅谷银行	52
汇丰银行	23	集友银行	53
渣打银行	24	盘谷银行	54
中国农业发展银行	25	首都银行	55
恒丰银行	26	中信银行国际	56
德意志银行	27	蒙特利尔银行	57
外国银行分行	28	华商银行	58
摩根大通银行	29	摩根士丹利国际银行	59
三菱东京日联银行	30	瑞士银行	60

表格 41　贷记转账业务量分行别（按业务金额）

行别	排名	行别	排名
中国工商银行	1	厦门国际银行	31
兴业银行	2	德意志银行	32
城市商业银行	3	中德住房储蓄银行	33
中国建设银行	4	三井住友银行	34
中国银行	5	法国兴业银行	35
招商银行	6	华夏银行	36
农村商业银行	7	三菱东京日联银行	37
中国农业银行	8	星展银行	38
中国民生银行	9	瑞穗银行	39
中信银行	10	摩根大通银行	40
中国光大银行	11	恒生银行	41
平安银行	12	富邦华一银行	42
中国邮政储蓄银行	13	韩亚银行	43
交通银行	14	华侨永亨银行	44
浙商银行	15	法国巴黎银行	45
农村信用社	16	大华银行	46
上海浦东发展银行	17	华美银行	47
国家开发银行	18	浦发硅谷银行	48
广发银行	19	友利银行	49
恒丰银行	20	华商银行	50
中国进出口银行	21	企业银行	51
渣打银行	22	中信银行国际	52
村镇银行	23	国民银行	53
农村合作银行	24	大新银行	54
花旗银行	25	首都银行	55
中国农业发展银行	26	盘谷银行	56
渤海银行	27	集友银行	57
外国银行分行	28	蒙特利尔银行	58
汇丰银行	29	摩根士丹利国际银行	59
东亚银行	30	瑞士银行	60

表格 42　银行业金融机构行内支付系统分地区（按业务笔数）

单位：万笔

地区	笔数	地区	笔数
广东	93 526.46	陕西	16 377.75
浙江	77 753.38	云南	15 782.63
江苏	52 247.67	重庆	13 606.04
上海	46 142.94	江西	13 096.54
河北	45 577.13	贵州	12 991.50
深圳	42 131.82	山西	11 614.84
山东	41 734.88	黑龙江	11 052.32
福建	39 606.38	天津	10 767.15
四川	38 715.82	甘肃	10 710.98
湖南	25 523.66	内蒙古	10 616.93
湖北	25 213.71	新疆	9 484.95
北京	24 638.11	吉林	7 039.37
河南	23 170.74	海南	4 817.24
广西	18 822.32	宁夏	3 991.14
安徽	16 983.25	青海	2 611.26
辽宁	16 780.04	西藏	1 521.75

表格 43　银行业金融机构行内支付系统分地区（按业务金额）

单位：亿元

地区	金额	地区	金额
上海	602 796.48	云南	36 943.78
深圳	501 138.68	安徽	35 861.26
北京	480 247.56	广西	34 195.62
广东	263 504.91	新疆	30 575.50
浙江	219 488.46	陕西	30 547.40
福建	191 822.11	江西	27 858.76
江苏	170 207.97	山西	26 127.18
山东	119 514.80	吉林	25 352.22
河北	95 296.97	黑龙江	23 127.12
辽宁	68 856.46	内蒙古	22 949.61
四川	62 215.22	贵州	21 167.90
湖北	58 625.31	海南	20 155.07
湖南	56 948.13	甘肃	14 157.15
河南	51 204.08	宁夏	9 120.95
重庆	50 210.12	青海	6 984.27
天津	45 971.86	西藏	2 955.59

表格 44　银行业金融机构行内支付系统分行别（按业务笔数）

行别	排名	行别	排名
中国农业银行	1	中国农业发展银行	27
中国建设银行	2	新韩银行	28
民生银行	3	花旗银行	29
中国工商银行	4	厦门国际	30
农村商业银行	5	富邦华一银行	31
农村信用社	6	德意志银行	32
城市商业银行	7	东亚银行	33
中国邮政储蓄银行	8	星展银行	34
平安银行	9	友利银行	35
中国银行	10	恒生银行	36
广发银行	11	瑞穗银行	37
招商银行	12	三井住友银行	38
交通银行	13	南洋商业银行	39
兴业银行	14	华侨永亨银行	40
农村合作银行	15	企业银行	41
上海浦东发展银行	16	国泰世华商业银行	42
光大银行	17	摩根大通银行	43
村镇银行	18	国家开发银行	44
华夏银行	19	大新银行	45
浙商银行	20	大华银行	46
汇丰银行	21	首都银行	47
中信银行	22	法国兴业银行	48
中德住房储蓄银行	23	法国巴黎银行	49
渤海银行	24	创兴银行	50
恒丰银行	25	国民银行	51
渣打银行	26		

表格 45　银行业金融机构行内支付系统分行别（按业务金额）

行别	排名	行别	排名
中国工商银行	1	国泰世华商业银行	27
中国建设银行	2	厦门国际	28
招商银行	3	恒丰银行	29
中国农业银行	4	国家开发银行	30
中国银行	5	中德住房储蓄银行	31
城市商业银行	6	花旗银行	32
汇丰银行	7	渣打银行	33
农村商业银行	8	瑞穗银行	34
民生银行	9	摩根大通银行	35
兴业银行	10	东亚银行	36
平安银行	11	新韩银行	37
农村信用社	12	南洋商业银行	38
交通银行	13	首都银行	39
广发银行	14	三井住友银行	40
上海浦东发展银行	15	创兴银行	41
光大银行	16	富邦华一银行	42
德意志银行	17	恒生银行	43
中国邮政储蓄银行	18	华侨永亨银行	44
华夏银行	19	大华银行	45
浙商银行	20	大新银行	46
中信银行	21	企业银行	47
村镇银行	22	友利银行	48
农村合作银行	23	法国巴黎银行	49
渤海银行	24	法国兴业银行	50
中国农业发展银行	25	国民银行	51
星展银行	26		

表格 46　同城清算业务量分地区（按业务笔数）

单位：万笔

地区	笔数	地区	笔数
上海	2 724.03	福建	58.64
浙江	1 917.02	河北	46.19
广东	1 288.62	四川	43.73
深圳	940.03	吉林	33.92
江苏	691.16	重庆	32.13
北京	419.79	甘肃	30.29
辽宁	395.49	青海	25.76
山东	211.58	湖南	22.01
天津	147.58	安徽	20.35
江西	145.54	内蒙古	16.38
湖北	138.29	山西	7.47
云南	117.49	新疆	1.95
黑龙江	98.39	海南	0.00
广西	94.67	贵州	0.00
河南	72.84	西藏	0.00
陕西	59.80	宁夏	0.00

表格 47　同城清算业务量分地区（按业务金额）

单位：亿元

地区	金额	地区	金额
上海	187 802.65	河南	1 567.63
江苏	42 507.20	安徽	1 495.25
浙江	18 025.66	河北	1 383.45
深圳	17 871.79	福建	1 367.96
北京	11 553.30	重庆	1 212.73
广东	11 468.68	湖南	1 113.27
山东	8 633.93	吉林	1 012.04
辽宁	7 265.20	甘肃	988.01
天津	5 294.13	青海	854.35
云南	4 974.53	山西	827.34
湖北	4 881.15	内蒙古	346.23
江西	3 853.71	新疆	143.08
黑龙江	2 510.07	海南	0.00
陕西	2 418.56	贵州	0.00
广西	2 414.23	西藏	0.00
四川	2 075.88	宁夏	0.00

表格48　同城清算业务量分行别（按业务笔数）

行别	排名	行别	排名
中国工商银行	1	国家开发银行	40
城市商业银行	2	友利银行	41
中国建设银行	3	恒生银行	42
中国银行	4	韩亚银行	43
中国农业银行	5	新韩银行	44
农村信用社	6	摩根大通银行	45
农村商业银行	7	大华银行	46
招商银行	8	厦门国际银行	47
中国邮政储蓄银行	9	企业银行	48
上海浦东发展银行	10	瑞典商业银行	49
农村合作银行	11	南洋商业银行	50
交通银行	12	法国巴黎银行	51
平安银行	13	华侨永亨银行	52
民生银行	14	兆丰国际商业银行	53
光大银行	15	中德住房储蓄银行	54
中信银行	16	集友银行	55
中国人民银行	17	彰化商业银行	56
兴业银行	18	中信银行国际	57
华夏银行	19	瑞典北欧斯安银行	58
汇丰银行	20	日本三井住友信托银行	59
广发银行	21	盘谷银行	60
三菱东京日联银行	22	法国兴业银行	61
三井住友银行	23	意大利裕信银行	62
瑞穗银行	24	马来西亚马来亚银行	63
村镇银行	25	大新银行	64
德意志银行	26	澳大利亚和新西兰银行	65
花旗银行	27	国民银行	66
渣打银行	28	华美银行	67
美国银行	29	比利时联合银行	68
中国农业发展银行	30	大众银行	69
浙商银行	31	首都银行	70
恒丰银行	32	华商银行	71
富邦华一银行	33	美国建东银行	72
渤海银行	34	韩国产业银行	73
星展银行	35	合作金库商业银行	74
东亚银行	36	华侨永亨银行	75
东方汇理银行	37	德国北德意志州银行	76
中国进出口银行	38	意大利联合圣保罗银行	77
德国商业银行	39	法国外贸银行	78

表格49　同城清算业务量分行别（按业务金额）

行别	排名	行别	排名
城市商业银行	1	星展银行	40
中国工商银行	2	摩根大通银行	41
中国建设银行	3	东方汇理银行	42
中国农业银行	4	南洋商业银行	43
中国银行	5	法国巴黎银行	44
招商银行	6	日本三井住友信托银行	45
上海浦东发展银行	7	大华银行	46
农村商业银行	8	德国商业银行	47
民生银行	9	华商银行	48
交通银行	10	华侨永亨银行	49
中信银行	11	韩亚银行	50
平安银行	12	友利银行	51
兴业银行	13	华美银行	52
光大银行	14	瑞典北欧斯安银行	53
农村信用社	15	比利时联合银行	54
华夏银行	16	法国兴业银行	55
广发银行	17	新韩银行	56
中国人民银行	18	兆丰国际商业银行	57
中国邮政储蓄银行	19	瑞典商业银行	58
汇丰银行	20	企业银行	59
国家开发银行	21	中德住房储蓄银行	60
渤海银行	22	马来西亚马来亚银行	61
中国农业发展银行	23	盘谷银行	62
浙商银行	24	意大利裕信银行	63
瑞穗银行	25	大新银行	64
农村合作银行	26	彰化商业银行	65
村镇银行	27	华侨永亨银行	66
花旗银行	28	合作金库商业银行	67
三菱东京日联银行	29	中信银行国际	68
恒丰银行	30	韩国产业银行	69
德意志银行	31	澳大利亚和新西兰银行	70
三井住友银行	32	集友银行	71
渣打银行	33	首都银行	72
富邦华一银行	34	美国建东银行	73
美国银行	35	法国外贸银行	74
中国进出口银行	36	大众银行	75
恒生银行	37	国民银行	76
厦门国际银行	38	德国北德意志州银行	77
东亚银行	39	意大利联合圣保罗银行	78

表格50　人民币单位银行结算账户数量分地区

单位：万户

地区	数量	地区	数量
北京	215.98	湖北	154.69
天津	86.97	湖南	113.89
河北	185.16	广东	415.77
山西	90.31	海南	38.35
内蒙古	75.58	广西	106.82
辽宁	156.87	重庆	99.15
吉林	74.33	四川	165.17
黑龙江	93.74	贵州	82.19
上海	331.13	云南	104.26
江苏	484.74	西藏	6.65
浙江	393.12	陕西	118.33
安徽	150.12	甘肃	62.70
福建	171.91	青海	18.31
江西	94.00	宁夏	31.09
山东	344.98	新疆	63.29
河南	211.19	深圳	198.67

表格51　人民币单位银行结算账户数量分行别

行别	排名	行别	排名
中国工商银行	1	花旗银行	33
中国建设银行	2	三井住友银行	34
中国农业银行	3	星展银行	35
农村信用社	4	韩亚银行	36
城市商业银行	5	南洋商业银行	37
中国银行	6	友利银行	38
农村商业银行	7	富邦华一银行	39
招商银行	8	企业银行	40
交通银行	9	中国进出口银行	41
中国民生银行	10	新韩银行	42
上海浦东发展银行	11	华侨银行	43
兴业银行	12	恒生银行	44
中信银行	13	德意志银行	45
中国邮政储蓄银行	14	大华银行	46
平安银行	15	华侨永亨银行	47
华夏银行	16	意大利联合圣保罗银行股份有限公司	48
中国光大银行	17	挪威银行公共有限公司	49
广发银行	18	华商银行	50
中国农业发展银行	19	摩根大通银行	51
恒丰银行	20	法国巴黎银行	52
浙商银行	21	澳大利亚和新西兰银行	53
农村合作银行	22	大新银行	54
国家开发银行	23	德国西德银行股份有限公司	55
渤海银行	24	韩国国民银行股份有限公司	56
汇丰银行	25	瑞典北欧斯安银行有限公司	57
东亚银行	26	大新银行有限公司	58
渣打银行	27	首都银行	59
城市信用社	28	集友银行有限公司	60
三菱东京日联银行	29	华美银行	61
外国银行分行	30	东方汇理银行	62
瑞穗实业银行	31	中信银行国际	63
厦门国际银行	32		

表格 52　基本存款账户数量分地区

单位：万户

地区	数量	地区	数量
北京	158.62	湖北	100.36
天津	54.46	湖南	75.29
河北	130.42	广东	287.57
山西	64.00	海南	28.11
内蒙古	50.95	广西	74.30
辽宁	112.64	重庆	70.77
吉林	56.98	四川	116.45
黑龙江	69.53	贵州	52.20
上海	192.40	云南	67.83
江苏	314.29	西藏	5.17
浙江	255.21	陕西	76.18
安徽	99.68	甘肃	38.57
福建	114.71	青海	12.10
江西	58.00	宁夏	19.94
山东	209.25	新疆	42.57
河南	138.93	深圳	135.23

表格 53　基本存款账户数量分行别

行别	排名	行别	排名
中国工商银行	1	花旗银行	31
中国建设银行	2	厦门国际银行	32
中国农业银行	3	企业银行	33
农村信用社	4	星展银行	34
城市商业银行	5	富邦华一银行	35
中国银行	6	外国银行分行	36
农村商业银行	7	南洋商业银行	37
招商银行	8	三菱东京日联银行	38
交通银行	9	瑞穗实业银行	39
中国民生银行	10	德意志银行	40
上海浦东发展银行	11	挪威银行公共有限公司	41
中国邮政储蓄银行	12	恒生银行	42
兴业银行	13	澳大利亚和新西兰银行	43
中信银行	14	大华银行	44
平安银行	15	摩根大通银行	45
华夏银行	16	三井住友银行	46
中国光大银行	17	意大利联合圣保罗银行股份有限公司	47
广发银行	18	华侨银行	48
中国农业发展银行	19	德国西德银行股份有限公司	49
农村合作银行	20	集友银行有限公司	50
恒丰银行	21	美国银行有限公司	51
浙商银行	22	华商银行	52
城市信用社	23	首都银行	53
渤海银行	24	华美银行	54
东亚银行	25	国家开发银行	55
汇丰银行	26	大新银行有限公司	56
友利银行	27	大新银行	57
渣打银行	28	意大利西雅那银行股份有限公司	58
韩亚银行	29	华侨永亨银行	59
新韩银行	30	东方汇理银行	60

表格 54　人民币单位银行结算账户净开户数量分地区

单位：万户

地区	数量	地区	数量
北京	5.27	湖北	3.72
天津	1.83	湖南	3.68
河北	4.59	广东	11.05
山西	1.40	海南	1.06
内蒙古	1.45	广西	2.78
辽宁	2.70	重庆	1.88
吉林	2.05	四川	4.68
黑龙江	2.55	贵州	3.90
上海	6.98	云南	0.83
江苏	9.41	西藏	0.32
浙江	6.82	陕西	2.72
安徽	4.24	甘肃	1.45
福建	3.29	青海	0.55
江西	2.30	宁夏	0.77
山东	7.93	新疆	1.68
河南	5.28	深圳	4.86

表格 55　人民币单位银行结算账户净开户数量分行别

行别	排名	行别	排名
中国建设银行	1	中国进出口银行	32
农村信用社	2	韩国外换银行股份有限公司	33
城市商业银行	3	华美银行	34
农村商业银行	4	摩根大通银行	35
中国工商银行	5	大新银行	36
中国农业银行	6	挪威银行公共有限公司	37
招商银行	7	瑞穗实业银行	38
中国民生银行	8	意大利西雅那银行股份有限公司	39
中国银行	9	中国银行（香港）有限公司	40
交通银行	10	恒生银行	41
兴业银行	11	美国花旗银行有限公司	42
华夏银行	12	瑞典商业银行公共有限公司	43
上海浦东发展银行	13	法国巴黎银行	44
中信银行	14	蒙特利尔银行	45
中国邮政储蓄银行	15	三井住友银行	46
平安银行	16	三菱东京日联银行	47
浙商银行	17	法国巴黎银行有限公司	48
广发银行	18	东方汇理银行	49
中国光大银行	19	荷兰合作银行有限公司	50
中国农业发展银行	20	北欧银行瑞典有限公司	51
华侨银行	21	创兴银行有限公司	52
国家开发银行	22	中信银行国际有限公司	53
恒丰银行	23	瑞典银行有限公司	54
外资银行	24	上海商业银行有限公司	55
厦门国际银行	25	泰国盘谷银行（大众有限公司）	56
渤海银行	26	比利时富通银行有限公司	57
南洋商业银行	27	韩国国民银行股份有限公司	58
友利银行	28	荷兰苏格兰皇家银行有限公司	59
新韩银行	29	加拿大皇家银行有限公司	60
花旗银行	30	美国银行有限公司	61
汇丰银行	31		

表格 56　基本存款账户净开户数量分地区

单位：万户

地区	数量	地区	数量
北京	4.39	湖北	3.55
天津	1.98	湖南	3.29
河北	5.19	广东	10.15
山西	2.01	海南	0.93
内蒙古	1.42	广西	2.72
辽宁	2.94	重庆	2.01
吉林	1.95	四川	4.24
黑龙江	2.64	贵州	3.22
上海	5.58	云南	1.43
江苏	10.67	西藏	0.28
浙江	7.85	陕西	2.67
安徽	4.03	甘肃	1.56
福建	3.71	青海	0.51
江西	2.15	宁夏	0.77
山东	8.16	新疆	1.53
河南	5.25	深圳	4.54

表格 57　基本存款账户净开户数量分行别

行别	排名	行别	排名
中国建设银行	1	富邦华一银行	32
农村信用社	2	华美银行	33
城市商业银行	3	恒生银行	34
中国工商银行	4	澳大利亚和新西兰银行	35
中国农业银行	5	三井住友银行	36
农村商业银行	6	意大利西雅那银行股份有限公司	37
招商银行	7	德意志银行	38
中国民生银行	8	法国巴黎银行	39
中国银行	9	法国巴黎银行有限公司	40
兴业银行	10	韩国国民银行股份有限公司	41
交通银行	11	印度巴鲁达银行	42
上海浦东发展银行	12	中国进出口银行	43
中信银行	13	蒙特利尔银行	44
华夏银行	14	摩根大通银行	45
中国邮政储蓄银行	15	盘谷银行	46
平安银行	16	瑞穗实业银行	47
广发银行	17	首都银行	48
中国光大银行	18	苏格兰皇家银行	49
浙商银行	19	中信银行国际	50
恒丰银行	20	北欧银行瑞典有限公司	51
渤海银行	21	比利时富通银行有限公司	52
外资银行	22	比利时联合银行股份有限公司	53
中国农业发展银行	23	创兴银行有限公司	54
新韩银行	24	德国北方银行股份有限公司	55
友利银行	25	德国西德银行股份有限公司	56
渣打银行	26	德意志银行股份有限公司	57
韩亚银行	27	法国兴业银行有限公司	58
厦门国际银行	28	韩国外换银行股份有限公司	59
花旗银行	29	荷兰合作银行有限公司	60
南洋商业银行	30	荷兰苏格兰皇家银行有限公司	61
华侨银行	31	加拿大皇家银行有限公司	62

附录四

支付业务报表及地域分布状况（2016年度）

一、支付业务报表

非现金支付工具结构情况表

2016 年度　　　　单位：万笔、亿元

业务类别	项目	笔数	金额
票据	银行汇票	153.01	9 504.63
	其中：现金银行汇票	21.15	63.50
	转账银行汇票	131.86	9 441.13
	商业汇票	1 656.45	189 498.91
	其中：商业承兑汇票	46.09	12 838.08
	银行承兑汇票	1 610.35	176 660.83
	银行本票	234.52	20 926.58
	其中：现金本票	0.37	11.39
	转账本票	234.15	20 915.19
	支票	27 297.07	1 658 006.59
	其中：现金支票	9 259.00	59 502.21
	转账支票	18 038.07	1 598 504.38
	其中：单位支票	27 158.29	1 656 067.31
	个人支票	138.78	1 939.28
	合计	29 341.05	1 877 936.71
银行卡	存现	1 047 371.28	771 741.38
	取现	1 799 774.62	654 956.17
	其中：ATM 取现	1 569 276.89	257 236.70
	消费	3 832 907.40	564 981.96
	转账	4 867 307.53	5 426 443.09
	合计	11 547 360.83	7 418 122.60
结算方式	贷记转账	790 026.13	26 751 787.46
	直接借记	144 277.58	795 341.45
	托收承付	51.46	7 458.46
	国内信用证	10.02	21 707.75
	合计	934 365.19	27 576 295.12

2016 年

行别 \ 项目	银行卡数量								
	新发卡数量				在用发卡数量				
	借记卡	信用卡	借贷合一卡	小计	借记卡	信用卡	借贷合一卡	小计	睡眠卡
政策性银行	38 509.89	6 064.68	808.73						
国有商业银行	8 414.46	6 570.08	0.64	14 985.18	297 255.57	22 562.68	4 318.16	324 136.41	149 325.83
股份制商业银行	6 286.06	455.66	0.00	6 741.71	46 195.93	16 519.56	143.61	62 859.10	23 133.84
城市商业银行	8 168.19	191.15	0.00	8 359.33	34 659.93	1 101.56	0.00	35 761.49	12 627.10
农村商业银行	1 028.42	15.60	0.00	1 044.01	54 157.68	478.11	0.00	54 635.79	17 051.48
农村合作银行	9 433.21	66.13	0.00	9 499.34	3 047.06	31.10	0.00	3 078.16	521.54
农村信用社	42.77	20.36	0.00	63.13	44 692.82	118.79	0.00	44 811.61	8 477.26
外资银行	1 121.81	0.06	0.00	1 121.87	256.38	81.26	0.00	337.64	138.80
村镇银行	10 888.63	337.17	0.00	11 225.81	1 303.86	0.08	0.00	85 539.66	95.32
中国邮政储蓄银行	29 610.90	4 707.31	616.08	34 934.30	84 391.08	1 148.58	0.00	1 303.94	20 062.65
合计	74 994.44	12 363.52	616.72	87 974.68	565 960.31	42 041.72	4 461.77	612 463.80	231 433.82

情况表

度　　　　　　　　　　　　　　　　　　　　　　　　　　　　　　　单位：万张、万笔、亿元、万台

资金交易情况										ATM数量
存现		取现		消费		转账		小计		
笔数	金额	笔数	金额	笔数	金额	笔数	金额	笔数	金额	
								0.00	0.00	
694 772.99	477 231.23	1 047 629.90	365 389.01	2 722 206.35	332 985.15	3 817 619.21	3 623 446.18	8 282 228.45	4 799 051.57	49.19
73 056.69	59 495.31	119 928.09	48 786.13	946 735.53	166 838.58	506 708.85	903 949.09	1 646 429.16	1 179 069.12	8.27
34 834.01	42 671.92	92 053.08	36 988.95	64 966.17	20 647.29	116 688.38	218 468.04	308 541.64	318 776.20	5.47
50 332.48	45 521.16	113 871.50	48 312.07	36 130.75	17 129.95	170 470.43	260 772.96	370 805.15	371 736.14	9.47
24 839.61	21 828.98	55 856.87	22 039.26	14 815.58	8 320.19	89 914.47	132 106.92	185 426.53	184 295.34	0.68
83 752.66	63 049.16	174 258.63	65 513.31	30 286.62	13 156.42	147 783.89	232 580.32	436 081.80	374 299.22	7.62
160.94	155.13	812.67	209.27	2 532.01	433.96	420.20	1 325.50	3 925.82	2 123.86	0.09
2 671.88	4 167.46	6 323.44	4 015.09	948.71	726.95	5 288.15	16 537.98	15 232.17	25 447.47	0.56
82 950.01	57 621.03	189 040.45	63 703.08	14 285.68	4 743.46	12 413.97	37 256.11	298 690.11	163 323.68	11.07
1 047 371.28	771 741.38	1 799 774.62	654 956.17	3 832 907.40	564 981.96	4 867 307.53	5 426 443.09	11 547 360.83	7 418 122.60	92.42

2016 年

系统名称	笔数	金额
大额实时支付系统	82 566. 97	36 162 984. 12
小额批量支付系统	234 830. 13	309 131. 24
网上支付跨行清算系统	445 314. 80	374 610. 10
同城清算系统	37 246. 57	1 308 049. 55
境内外币支付系统	198. 58	54 732. 23
全国支票影像交换系统	791. 67	4 100. 83
银行业金融机构行内支付系统	2 583 027. 85	12 154 693. 66
银行卡跨行支付系统	2 376 180. 09	670 694. 00
城市商业银行汇票处理系统和支付清算系统	387. 46	8 253. 17
农信银支付清算系统	168 098. 04	54 272. 00
人民币跨境支付系统	63. 61	43 617. 74
合计	5 928 705. 77	51 145 138. 64

务量情况表

度

单位：万笔、亿元、%

笔数占比	金额占比
1. 39	70. 69
3. 96	0. 60
7. 51	0. 73
0. 63	2. 56
0. 00	0. 11
0. 01	0. 01
43. 57	23. 77
40. 08	1. 31
0. 01	0. 02
2. 84	0. 11
0. 00	0. 09
100. 00	100. 00

同城清算业务情况表

2016 年度　　　　单位：万笔、亿元

项目 行别	笔数	金额
政策性银行	30. 20	9 694. 60
国有商业银行	18 187. 99	611 115. 51
股份制商业银行	5 208. 67	370 685. 81
城市商业银行	4 805. 82	175 060. 70
农村商业银行	2 275. 35	75 141. 62
农村合作银行	973. 00	2 826. 44
农村信用社	3 254. 23	19 465. 99
村镇银行	54. 77	2 654. 33
外资银行	558. 69	23 800. 08
中国邮政储蓄银行	1 735. 86	11 483. 53
其他	161. 99	6 120. 94
合计	37 246. 57	1 308 049. 55

银行业金融机构行内系统支付业务情况表

2016 年度　　　　单位：万笔、亿元

业务量 行别	笔数	金额
政策性银行	23. 56	11 778. 05
国有商业银行	1 923 306. 01	6 299 160. 91
股份制商业银行	281 938. 98	3 387 814. 17
城市商业银行	73 764. 65	946 523. 42
农村商业银行	105 244. 44	535 633. 74
农村合作银行	10 054. 54	32 751. 62
农村信用社	100 868. 63	276 393. 04
村镇银行	1 816. 03	117 573. 71
外资银行	743. 31	468 265. 55
中国邮政储蓄银行	85 267. 70	78 799. 45
合计	2 583 027. 85	12 154 693. 66

2016 年

行别 \ 项目	存现				取	
	柜面		ATM 等自助渠道		柜面	
	笔数	金额	笔数	金额	笔数	金额
国有商业银行	0. 00	0. 00	25. 35	3. 73	0. 00	0. 00
股份制商业银行	235. 77	473. 98	3. 92	1. 05	120. 47	427. 50
城市商业银行	250. 80	995. 38	15. 60	2. 54	238. 21	1 142. 26
农村商业银行	0. 11	0. 51	3. 29	1. 79	0. 31	0. 95
农村合作银行	4. 81	19. 71	0. 00	0. 00	6. 05	26. 66
农村信用社	0. 07	0. 67	1. 25	0. 61	0. 23	1. 23
村镇银行	1. 88	10. 32	0. 06	0. 01	2. 61	15. 36
外资银行	0. 65	3. 21	0. 01	0. 00	0. 80	4. 53
中国邮政储蓄银行	0. 00	0. 00	2. 85	0. 10	0. 00	0. 00
合计	494. 10	1 503. 79	52. 33	9. 83	368. 68	1 618. 49

交易情况表

度

单位：万笔、亿元

现		消费					
ATM 等自助渠道		POS 机（含移动 POS 机）		互联网		其他终端	
笔数	金额	笔数	金额	笔数	金额	笔数	金额
172 526. 54	19 986. 00	727 171. 52	214 397. 34	204 010. 67	67 953. 51	279 896. 76	35 500. 59
67 835. 32	8 115. 64	396 450. 77	106 675. 08	74 500. 61	63 093. 11	80 237. 34	48 641. 58
37 886. 96	4 730. 67	49 071. 18	14 318. 67	1 899. 77	830. 04	28 873. 27	2 249. 47
3 784. 14	468. 94	11 472. 56	3 942. 24	712. 80	161. 03	5 066. 05	328. 01
45. 70	6. 82	133. 24	75. 46	0. 47	0. 16	57. 88	2. 38
5 930. 08	668. 01	14 649. 46	8 194. 61	856. 82	464. 62	7 933. 84	1 392. 72
1 460. 03	209. 04	855. 88	366. 80	55. 33	4. 78	1 156. 75	66. 32
758. 55	117. 28	1 082. 15	261. 76	93. 86	7. 45	556. 31	25. 46
27 737. 38	2 403. 83	63 329. 02	18 510. 42	30 626. 60	4 240. 46	42 490. 58	3 820. 94
317 964. 69	36 706. 23	1 264 215. 79	366 742. 37	312 756. 95	136 755. 16	446 268. 79	92 027. 46

2016 年

行别 \ 项目	转			
	POS 机（含移动 POS 机）		电话终端	
	笔数	金额	笔数	金额
国有商业银行	73.37	26.25	367.03	507.38
股份制商业银行	15.40	17.12	21.71	30.99
城市商业银行	32.41	14.59	8.05	7.55
农村商业银行	2.74	1.59	0.66	1.01
农村合作银行	0.00	0.00	0.00	0.00
农村信用社	51.56	12.87	57.85	149.17
村镇银行	2.00	1.01	1.03	0.81
外资银行	0.15	0.09	0.33	0.28
中国邮政储蓄银行	14.66	20.66	79.82	72.68
合计	192.28	94.17	536.49	769.87

交易情况表

度

单位：万笔、亿元

账						合计	
互联网		柜面		其他终端			
笔数	金额	笔数	金额	笔数	金额	笔数	金额
163.50	4 248.56	0.00	0.00	22 060.46	21 028.26	1 406 295.21	363 651.62
55.97	2 384.89	1.92	21.20	2 707.07	1 156.39	622 186.27	231 038.55
8.14	182.25	15.37	133.59	2 790.15	1 933.29	121 089.91	26 540.28
0.01	0.01	0.08	0.73	672.69	328.92	21 715.43	5 235.72
0.00	0.00	1.11	15.52	36.39	31.99	285.67	178.69
0.00	0.00	0.00	0.07	883.17	503.19	30 364.34	11 387.76
0.34	1.73	0.30	2.84	202.61	148.50	3 738.82	827.53
0.11	0.55	0.13	1.48	65.66	53.41	2 558.71	475.49
0.05	0.01	0.00	0.00	3 664.79	2 289.24	167 945.75	31 358.34
228.11	6 818.00	18.92	175.43	33 082.99	27 473.19	2 376 180.10	670 693.99

二、支付业务地域分布状况

表格1　票据业务量分地区

单位：万笔、亿元

地区	业务笔数	业务金额	地区	业务笔数	业务金额
北京	1 908.74	153 057.74	湖北	825.65	63 036.82
天津	702.96	44 043.67	湖南	664.22	46 391.54
河北	790.92	48 185.39	广东	2 610.50	145 990.01
山西	445.80	36 456.86	广西	460.49	23 815.65
内蒙古	558.94	28 431.22	海南	142.23	11 660.76
辽宁	1 517.80	61 121.92	重庆	656.99	58 658.17
吉林	425.94	21 748.23	四川	1 408.43	63 573.85
黑龙江	595.81	32 549.06	贵州	573.28	45 841.80
上海	1 082.83	48 565.33	云南	864.74	38 542.98
江苏	2 919.45	266 210.76	西藏	101.68	3 901.67
浙江	2 504.00	141 961.70	陕西	573.88	32 932.24
安徽	929.09	70 508.83	甘肃	519.15	18 908.57
福建	785.60	56 825.15	青海	127.71	6 350.94
江西	413.58	37 054.03	宁夏	217.31	9 437.01
山东	1 828.96	112 468.38	新疆	895.76	22 437.55
河南	736.37	62 498.46	深圳	552.22	64 770.30

表格2　支票业务量分地区

单位：万笔、亿元

地区	业务笔数	业务金额	地区	业务笔数	业务金额
北京	1 877.38	144 297.79	湖北	741.02	55 903.39
天津	678.20	36 073.05	湖南	637.83	42 633.90
河北	739.97	40 519.31	广东	2 536.48	135 266.78
山西	415.47	32 423.69	广西	444.38	21 041.44
内蒙古	544.67	25 986.83	海南	140.61	10 833.81
辽宁	1 467.56	50 972.23	重庆	618.13	53 078.27
吉林	414.40	18 909.92	四川	1 381.71	59 017.78
黑龙江	585.47	30 380.23	贵州	560.36	43 694.48
上海	1 012.65	33 366.24	云南	858.39	36 854.44
江苏	2 415.31	232 505.47	西藏	101.52	3 775.30
浙江	2 063.82	113 781.19	陕西	547.69	29 561.82
安徽	868.10	65 390.53	甘肃	510.80	16 816.99
福建	750.50	52 410.57	青海	125.82	5 864.87
江西	392.26	34 575.38	宁夏	211.64	8 602.93
山东	1 608.60	91 272.79	新疆	881.07	20 183.10
河南	648.86	53 425.81	深圳	516.42	58 586.26

表格 3　商业汇票业务量分地区

单位：万笔、亿元

地区	业务笔数	业务金额	地区	业务笔数	业务金额
北京	29.50	8 408.68	湖北	63.49	7 041.14
天津	23.90	7 759.13	湖南	24.79	3 103.50
河北	46.75	7 309.51	广东	73.17	10 647.29
山西	29.26	3 698.99	广西	14.54	2 694.48
内蒙古	14.15	2 427.66	海南	1.45	808.83
辽宁	46.09	9 928.39	重庆	38.67	5 533.73
吉林	10.65	2 751.76	四川	26.39	4 526.25
黑龙江	9.22	2 019.39	贵州	11.99	2 056.80
上海	44.27	13 082.39	云南	6.24	1 679.19
江苏	365.03	22 758.02	西藏	0.16	126.27
浙江	287.45	15 564.42	陕西	25.63	3 290.81
安徽	52.66	4 323.35	甘肃	8.25	2 078.77
福建	29.57	4 272.07	青海	1.87	484.37
江西	20.34	2 370.03	宁夏	5.54	827.51
山东	209.81	20 679.59	新疆	14.27	2 205.20
河南	85.93	8 893.34	深圳	35.42	6 148.05

表格 4　贷记转账业务量分地区

单位：万笔、亿元

地区	业务笔数	业务金额	地区	业务笔数	业务金额
北京	38 733.60	6 246 415.00	湖北	21 111.16	393 811.22
天津	11 132.97	331 507.04	湖南	17 788.28	304 389.10
河北	19 035.97	417 337.70	广东	54 843.96	1 877 387.25
山西	8 838.98	239 110.24	广西	13 076.69	143 837.61
内蒙古	7 158.78	182 171.58	海南	2 893.74	100 563.97
辽宁	17 111.29	567 568.75	重庆	26 575.48	371 898.44
吉林	6 450.46	357 611.53	四川	20 878.11	490 514.93
黑龙江	9 995.05	217 739.76	贵州	8 258.26	143 942.86
上海	73 642.89	3 866 039.28	云南	9 690.05	190 437.44
江苏	43 479.67	1 697 277.50	西藏	431.78	13 853.48
浙江	117 733.45	2 107 922.32	陕西	13 352.69	260 925.76
安徽	21 821.61	359 003.88	甘肃	6 237.66	145 413.24
福建	34 663.99	1 386 760.42	青海	1 449.51	32 587.41
江西	11 869.47	242 437.39	宁夏	3 010.75	37 917.44
山东	60 190.71	1 033 141.73	新疆	5 867.37	133 930.06
河南	23 137.90	372 631.74	深圳	79 563.87	2 485 701.39

表格5　银行卡业务量分地区

单位：万笔、亿元

地区	业务笔数	业务金额	地区	业务笔数	业务金额
北京	481 366.57	319 254.26	湖北	425 615.45	239 982.30
天津	153 508.02	99 645.33	湖南	389 343.56	172 926.02
河北	461 703.79	425 940.46	广东	1 200 253.39	642 046.36
山西	223 572.55	119 801.95	广西	294 238.58	138 967.09
内蒙古	172 630.40	102 902.61	海南	82 449.37	35 525.95
辽宁	368 563.42	227 228.37	重庆	232 019.95	107 029.16
吉林	176 087.86	100 550.15	四川	584 233.68	245 996.98
黑龙江	204 802.90	119 329.54	贵州	186 034.34	78 280.32
上海	493 499.04	423 395.62	云南	240 149.13	116 867.52
江苏	840 031.87	597 520.05	西藏	14 090.57	6 859.85
浙江	885 943.08	787 238.65	陕西	276 437.39	131 988.98
安徽	305 830.13	206 873.89	甘肃	136 088.13	69 419.35
福建	550 474.28	372 327.10	青海	32 869.82	17 312.85
江西	222 676.16	136 412.04	宁夏	57 267.89	31 220.82
山东	763 763.14	484 459.64	新疆	151 960.16	80 500.85
河南	500 647.87	359 800.83	深圳	439 208.35	420 517.73

表格6　银行卡消费业务量分地区

单位：万笔、亿元

地区	业务笔数	业务金额	地区	业务笔数	业务金额
北京	229 179.93	34 034.15	湖北	147 373.18	20 472.48
天津	58 755.16	7 907.20	湖南	146 753.53	18 042.85
河北	134 507.54	21 256.55	广东	390 936.29	58 685.43
山西	74 164.53	9 437.63	广西	67 853.26	8 451.87
内蒙古	56 169.28	8 551.29	海南	22 506.82	3 422.31
辽宁	121 001.98	15 692.63	重庆	81 437.90	9 477.40
吉林	51 857.79	7 347.25	四川	169 426.77	19 523.38
黑龙江	56 296.09	8 991.23	贵州	43 723.43	5 715.57
上海	220 227.66	29 180.41	云南	66 781.54	10 989.55
江苏	277 171.75	43 606.15	西藏	3 188.79	477.85
浙江	246 127.23	47 622.27	陕西	91 973.71	10 337.75
安徽	93 120.87	14 825.45	甘肃	37 695.29	5 293.94
福建	223 995.08	30 787.46	青海	10 068.73	1 496.52
江西	64 152.37	10 801.07	宁夏	17 906.56	2 339.54
山东	246 430.92	35 831.15	新疆	36 437.28	5 742.62
河南	159 225.30	33 020.65	深圳	186 460.85	25 620.38